# 汾物长歌

## 汾阳博物馆馆藏文物集萃

汾阳市博物馆 编著

山西出版传媒集团

山西人民出版社

图书在版编目（ＣＩＰ）数据

汾物长歌：汾阳博物馆馆藏文物集萃 / 汾阳市博物
馆编著. -- 太原：山西人民出版社, 2025.5. -- ISBN
978-7-203-13790-0

Ⅰ. K872.254

中国国家版本馆CIP数据核字第2025LR5027号

---

**汾物长歌：汾阳博物馆馆藏文物集萃**

编　　著：汾阳市博物馆

责任编辑：刘　淳

复　　审：郭向南

终　　审：武　静

装帧设计：赵锦帆

出　版　者：山西出版传媒集团·山西人民出版社

地　　址：太原市建设南路21号

邮　　编：030012

发行营销：0351-4922220　4955996　4956039　4922127（传真）

天猫官网：http://sxrmcbs.tmall.com　电话：0351-4922159

E-mail：sxskcb@163.com　发行部

　　　　　sxskcb@126.com　总编室

网　　址：www.sxskcb.com

经　销　者：山西出版传媒集团·山西人民出版社

承　印　厂：山西基因包装印刷科技股份有限公司

开　　本：889mm×1194mm　1/16

印　　张：16.5

字　　数：240千字

版　　次：2025年5月　第1版

印　　次：2025年5月　第1次印刷

书　　号：ISBN 978-7-203-13790-0

定　　价：268.00元

如有印装质量问题请与本社联系调换

# 《汾物长歌——汾阳博物馆馆藏文物集萃》
# 编委会

**主　编**

孔令海

**副主编**

李　娟　　张泽民　　王　江

**委　员**

任国全　　孔凡进　　丁淑芳

冀鸿儒　　杨　柳　　张莹莹

# 序 言

　　汾阳市博物馆是一座建馆较早的县级博物馆，馆藏文物颇丰，这归功于几代博物馆人的辛勤付出。几十年来，汾阳博物馆人走街串巷、深入农村，广泛征集文物、抢救流散文物，使一大批珍贵文物得以收藏馆内，为保护文化遗产作出了很大贡献。近年来，汾阳市博物馆积极与山西省考古研究院等科研单位协商，将历年来在汾阳市域内科学发掘出土的文物标本调拨回博物馆收藏，极大地丰富了馆藏文物的数量，也使馆藏文物的种类更加齐全，更具科学性。

　　2024年10月，汾阳市博物馆孔令海馆长嘱请我为《汾物长歌——汾阳博物馆馆藏文物集萃》一书作序，作为一名汾阳走出来的文物人，自感责无旁贷，所以欣然应允。该书精选馆藏文物247件/套，时代跨度大，器物种类较为齐全。其收集、整理、研究过程非常辛苦，工作量亦很大，在此，向孔令海馆长及各位付出辛勤劳动的同仁深表敬意。

　　我是地地道道的汾阳人，几十年来一直在山西省考古研究院从事考古发掘和研究工作，也曾在汾阳市文化局工作过一段时间。汾阳从事文物工作的老同志都是我的朋友，所以我深感有义务为在汾阳文物事业发展中付出努力、作出贡献的同仁写几句话，同时祝汾阳文物事业发展更上层楼。

　　我曾经参与、主持和指导过汾阳市域内多处古遗址、古墓葬的考古发掘工作，对汾阳各个时期的古遗址、古墓葬以及所代表的考古学文化有一定的了解，并做了初步的研究。

　　汾阳境内发现的属于新石器时代的遗址很多，属仰韶文化和龙山文化两大时间段。主要遗址有杏花村遗址、峪道河遗址、北垣底遗址，前两者都做过科学的考古发掘，尤以杏花村遗址分布范围广，发掘面积大，出土遗迹、遗物种类多，该遗址中以新石器时代仰韶文化时期的遗存最为重要。1982年秋，我作为吉林大学考古专业学生参与了该遗址的整个发掘过程，杏花村遗址因其独特的文化内涵受到考古界的高度关注。2012年冬，多家单位联合举办了杏花村遗址发掘30周年纪念大会。其间杏花村遗址发掘主持人之一，著名考古学家张忠培先生，根据杏花村遗址所具有的独特文化内涵，将其命名为"杏花文化"，这是汾阳境内首支被考古界命名的考古学文化。

　　近年来，在杏花村遗址范围内，为配合基本建设，山西省考古研究院又进行了多次考古发掘。其中发掘出的两座属于仰韶文化时期的大型房址保存完整，并出土石磨盘、小口尖底瓶残件等重要文物，极大丰富了杏花村遗址的文化内涵。

　　夏商时期遗址，汾阳境内发现的不多，多为零碎的遗迹现象和部分采集到的陶片，未发现大型遗址。其中最为重要的是1982年秋在杏花村遗址范围内发掘的属于商代晚期的墓地。该墓地已遭到村民取土破坏，墓葬数量不多，出土遗物也很少，均为陶器，但器物具有独特的文化面貌，是一批极为珍贵的考古资料，也是考古界研究商文化必引用的考古文献，遗憾的是未能在周边找到属于同时期的遗址。

　　西周时期遗址，汾阳境内鲜有发现。东周时期的遗址、墓葬发现较多，经考古发掘，出土了一批重要的陶器等遗物。墓葬多为小型墓，缺少大型墓葬。

　　汾阳境内的汉代遗存发现较多，尤其是两汉时期的墓葬。近年来，由于众多的基建项目上马，配合基建的考古项目同步增多。山西省考古研究院抢救性发掘了多处两汉墓地，墓葬多为小型的土洞墓，也有规格较高的大型多室砖墓，大型墓葬多被盗掘，出土遗物不多。

　　唐代是中国历史上经济繁荣时期。山西地区由于李渊起兵太原的原因，在当时有着举足轻重的地位，经济也相对繁荣。根据以往的考古研究，山西地区的唐代墓葬集中发现于太原地区和长治地区。太原地区的唐代墓葬等级较高，多为壁画墓；长治地区的唐墓等级略低，小型墓居多。汾阳博物馆历年共收集有

200余盒唐代墓志，这说明汾阳地区至少有200余座唐墓，况且尚有不少墓葬没有墓志，或虽有墓志，但由于字迹不清未被收集。近年来又陆续发掘了许多唐代墓葬，证明汾阳地区也是唐代墓葬集中发现的地区之一。墓葬的集中发现，反映出唐代汾阳地区的经济繁荣状况。

宋金元时期的墓葬在汾阳境内发现很多，是山西发现宋金时期墓葬最为集中的地区之一。宋金元墓葬以金发现居多，主要分布在汾阳市区附近到杏花村一线。墓葬分为两类：一类为小型土洞墓，另一类为砖室墓。砖室墓为砖雕墓，且多施彩绘。砖雕彩绘浑然一体，内容为墓主人生前的生活状况或向往的生活，极具地域性特征，有别于宋代纯粹的砖雕墓。

宋金时期社会动荡不安，战争不断，汾阳地区似乎未受到太大的影响。能够建造几近豪华的墓葬，说明当时人们生活稳定，有足够的经济条件，可以有专业的工匠去营造豪华墓葬。

汾阳境内发现了很多明清时期的墓葬，大多经过科学的考古发掘，出土了大量具有本地民俗特点的遗物。部分明代墓葬沿用了金元时期的营造方式，许多具有明确纪年的墓葬发掘，纠正了以往对金元墓年代的判断标准。

关于明清时期汾阳地区的历史及经济状况，相关文献多有记载。结合考古资料，可比较真实地反映出当时汾阳地区的经济繁荣状况。

汾阳地处太原盆地西缘，吕梁山东麓，物华天宝、人杰地灵、历史悠久。考古资料证明，早在新石器时代仰韶文化时期，汾阳先民就创造了以杏花村遗址等为代表的灿烂文明，形成了具有地域性特征的杏花文化。历夏商，经汉唐，经久不衰，到宋元明清时期逐步达到顶峰，形成具有特色性、传承性的汾阳地域文化。

山西省考古研究院研究员　马昇

2024年10月26日

# 目录

## 丽日当空·隋、唐、宋、金、元

## 明月清风·明、清

## 薄暮朦胧·民国至新中国成立时期

# 前 言

　　偶尔会琢磨，倘若一座城，就是一本书，那么《汾阳》这一册，该会是什么样子？

　　也许它的封面，应该是带点斑斑驳驳的肌理，装帧考究而精致，色泽华贵而浪漫。小心摩挲边角泛黄的书页，回忆、惦念、纷华往事便随着油墨香，在指尖肆意流淌……

　　走进汾博，便是打开了这本厚重的历史书籍。陶器、钱币、碑刻、木器等每一件藏品，都是一页跳动的语句，凝结着祖祖辈辈汾阳人的智慧、汾阳人的创造、汾阳人的情结。从不同侧面反映汾阳各个历史时期人类的社会活动、社会关系、意识形态，是人类宝贵的历史文化遗产。

　　汾阳自古为三晋大邑，地理位置优越，通衢秦晋，锁钥南北，素有"秦晋旱码头"之誉。黄河流域文化、州府文化、王府文化的碰撞融汇，衍生出汾阳酒文化、戏曲文化、饮食文化、建筑文化、金石文化、壁画艺术等绚烂瑰宝，并成为中华优秀传统文化的一部分，散发着迷人的光彩。

　　汾阳博物馆坐落在杏花村遗址公园北侧，占地17400平方米，总建筑面积14777平方米。由中国著名建筑设计师朱小地先生，撷取汾州古城阡陌纵横的意象，运用传统"九宫格"的元素设计，造型简洁大方，布局错落有致。博物馆前广场的汉墓，外形酷似一把打开博物馆这座宝库的钥匙，与博物馆主体建筑相得益彰，辉映成趣。

　　文化靠历史来传承，而历史，靠文物来记录和承载。汾阳市博物馆内现有各类馆藏文物3000余件(套)，其中国家珍贵文物400余件(套)。这里每一件藏品，甚至每一个碎片，都携带着汾阳这座城市的文化基因密码，带你接近最真实的过往，讲述着这座小城自己的故事。

　　无源之水，立见其涸。中华优秀传统文化一直是中华民族的力量之源、情感之源、动力之源和信心之源。翻找尘封的过往，探寻城市的文化之源，旨在知古鉴今，让这块神奇土地上的文化遗产活起来，让这座有着6000年文明史、2600年建制史的城市，在快速发展的道路上走得更远、更坚实。

孔令海

# PREFACE

Occasionally, I wonder, if a city is a book, then what should the volume of **Fenyang** look like?

Perhaps its cover should be a mottled texture, exquisite and delicate binding, luxurious and romantic color. Rubbing the corners of the yellowing pages carefully, and the memories, longing, and colorful past will flow freely on the fingertips with the smell of ink...

Walking into Fenyang Museum is to open this heavy history book. Pottery, coins, inscriptions, carpentry and other collections are pages of lively words, condensing generations of wisdoms, creativity and emotion of the Fengyang people. These collections reflect the social activities, social relations and ideology of human beings in various historical periods in Fenyang from different aspects, and are valuable historical and cultural heritages of mankind.

Fenyang, with a superior geographical location, has been one of the big cities in Shanxi Province since ancient time. Connecting Shaanxi Province and Shanxi Province and being a strategic gateway between the north and the south, it is known as the "Qin-Jin Dry Wharf". (Qin-Jin: ancient names of Shaanxi Province and Shanxi Province). The collision and integration of the culture of the Yellow River Basin, the prefecture culture and the royal culture have derived splendid treasures such as Shanxi liquor culture, Traditional opera culture, cooking culture, architectural culture, bronze and stone archaeology culture, mural painting art and so on. Fenyang culture has become an excellent part of the traditional Chinese culture, emanating charming brilliance.

Fenyang Museum is located on the north side of Xinghuacun Ruins Park, covering an area of 17,400 square meters and a total construction area of 14,777 square meters. Mr. Zhu Xiaodi, a famous Chinese architect, captured the path-criss-crossing feature of the ancient city of Fenzhou, and designed Fenyang Museum using the traditional "3×3 grid view" element. So Fenyang Museum is unique for its simple and elegant shapes and well-proportioned layouts. In the square in front of the museum, stands a Tomb from the Han Dynasty, which resembles a key to open the museum full of treatures. The main body of the museum and Han tomb echos the style of each other.

Culture is passed on by history, and history is recorded and carried by cultural relics. There are more than 3,000 sets of cultural relics in the Fenyang Museum, including more than 400 sets of national level. Every piece in the collection, even every debris, carries the cultural genetic code of Fenyang City, takes you to approach the most realistic past, and tells its own story of this small city.

Water without a source will be drying up immediately. The excellent traditional Chinese culture has always been the source of strength, emotion, motivation and confidence of the Chinese nation. Looking through the dust-laden past and exploring the cultural source of the city, we are aiming to know the past and the present, make the cultural heritage of this magical land come alive. We are sure that Fenyang city, with 6,000 years of civilization history and 2,600 years of administrative history, will go further and more solid on the road of rapid development.

# 东方欲晓

DAWNING EAST

汾河流域，是人类文明的发祥地之一。6000 年前的新石器时代，这里气候宜人、草木繁盛，先民于此临水而居，刀耕火种、驯养渔猎。汾阳地区人类活动的肇始，以杏花村等仰韶文化遗址为代表。彩陶和酿酒的出现，代表汾阳在仰韶文化中期，已经受到各方文化的影响，走进文化意义上的"最初中国"。

The Fen River Basin is one of the cradles of human civilization. During the Neolithic period around 6,000 years ago, this region enjoyed a mild climate and lush vegetation. Here, early settlers lived along the river, practicing slash-and-burn agriculture domesticating animals, and engaging in fishing and hunting. Early human activity in Fenyang is exemplified by sites like Xinghuacun from the Yangshao culture. The emergence of painted pottery and wine-making suggests that by the mid-Yangshao period, Fenyang had already begun absorbing influences from diverse cultures, marking it as a significant part of what we consider "early China" from a cultural perspective.

## 地质年代·鳞木化石

- 石炭纪（距今三亿年）
- 高6厘米，长25厘米，宽21厘米
- 1986年汾阳市石庄乡出土
- 鳞木，是石松类中已绝灭的鳞木目中最具代表性的树木之一，属木本蕨类。它出现于石炭纪，乔木状，与许多热带沼泽植物并存，是石炭纪时期形成煤炭的重要原始物料，也是古代素食动物的食物。

## 地质年代·恐龙蛋化石

- 白垩纪晚期（距今约6500万年）
- 最大直径12—12.5厘米
  最小直径9.5—9.8厘米
- 1996年汾阳市峪道河出土
- 恐龙蛋化石是历经沧海桑田演变而成的非常珍贵的古生物化石，是生物进化史上具有重要意义的科学标本。

## 地质年代·纳玛象化石

● 更新世晚期（距今约12.5—1万年）
● 左图：高14厘米，长16厘米，宽10厘米
● 右图：高14厘米，长12厘米，宽10厘米
● 1981年汾阳市桑枣坡村出土
● 该纳玛象化石属更新世晚期，距今约
  12.5—1万年。与它同期的动物有原始牛、
  麝鹿、熊等。

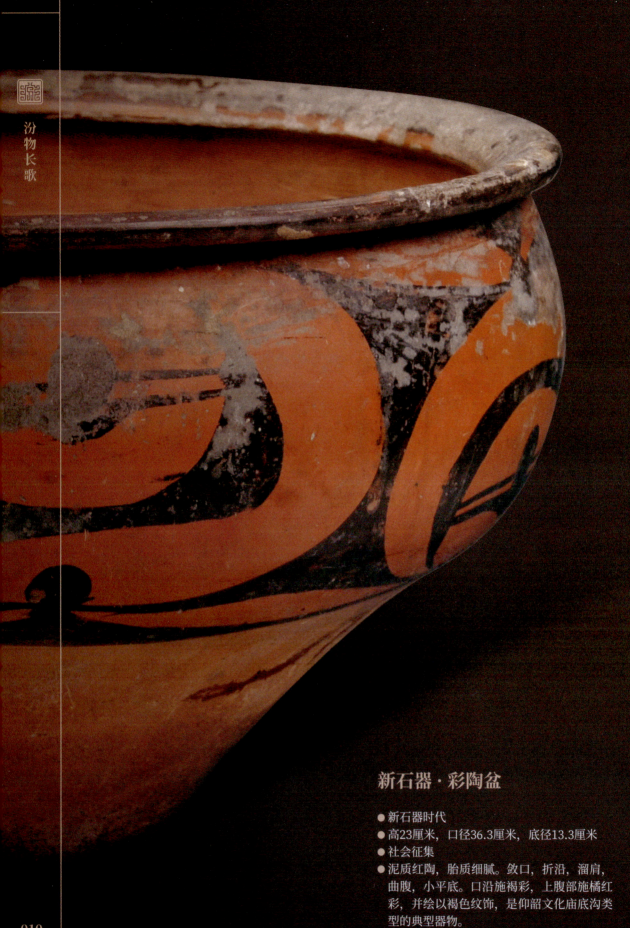

## 新石器·彩陶盆

- 新石器时代
- 高23厘米，口径36.3厘米，底径13.3厘米
- 社会征集
- 泥质红陶，胎质细腻。敛口，折沿，溜肩，曲腹，小平底。口沿施褐彩，上腹部施橘红彩，并绘以褐色纹饰，是仰韶文化庙底沟类型的典型器物。

## 新石器·小口尖底瓶【残】

- 新石器时代
- 残高17厘米，口径11厘米
- 2022年汾阳市杏花村遗址出土
- 泥质红陶。小口，溜肩，深腹，尖底，施以绳纹。小口尖底瓶为仰韶文化时期酿酒器，2022年山西省考古研究院于该残件中检测出人工谷物酒精，进一步印证了汾阳杏花村酿酒早在仰韶文化时期就已成为人类有意识、有目的的生产行为。

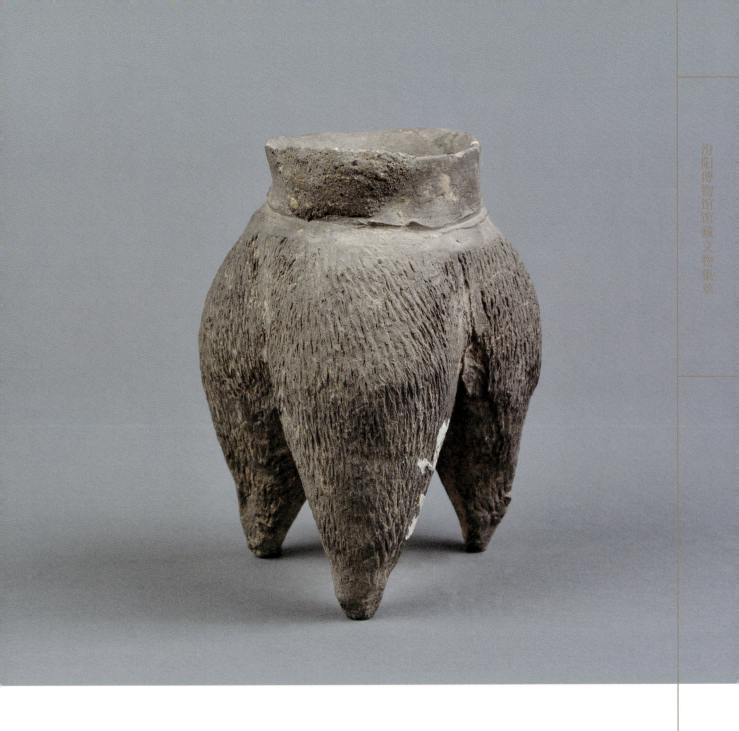

## 新石器·绳纹陶鬲

- 新石器时代
- 高15.55厘米，口径7.5厘米
- 汾阳市博物馆旧藏
- 夹砂灰陶。直口，短颈，袋足。陶 鬲，中国古代陶制炊器，新石器时 代晚期出现，商周时期继续流行。

## 新石器·石犁

- 新石器时代
- 长34.3厘米，宽26厘米
- 1982年汾阳市杏花村遗址出土
- 生产用具。青石质。器形呈叶状，通体打磨光滑，刃部锋利。该器物的发现表明当时汾阳地区已经进入犁耕农业时代。

## 新石器·石刀

- 新石器时代
- 长12厘米，宽5厘米
- 社会征集
- 青石质。刀体造型近似于长方形，三边开刃，刀身中部有圆形钻孔。

## 新石器·石斧

- 新石器时代
- 长12厘米，宽6.5厘米
- 1980年汾阳市峪道河遗址出土
- 青石质。整体近似于长方形，一边出刃。

## 新石器·石磨盘

● 新石器时代
● 长55厘米，宽28厘米，厚12厘米
● 2022年汾阳市杏花村遗址出土
● 青石质。磨近似于长方形，磨面明显，断为两节。该器物为仰韶文化时期粉碎粮食的器具，反映了当时人类的生产水平及生活状况。

## 新石器·玉刀【残】

- 新石器时代
- 长11.5厘米，宽9厘米，厚0.5厘米
- 社会征集
- 岫岩玉。整体呈长方形，通体磨光，刀面一端作一穿孔。刀体莹润细腻，局部有沁色。玉刀由石刀发展演变而来，其用途也由原来的实用器转变为礼器。

### 商·青铜爵

- 商
- 高19厘米，流至尾长15厘米，宽9.5厘米
- 2024年汾阳市公安局移交
- 铜质。口沿外撇，直腹，卵底，三足。口沿前设流槽，后设尖尾，流槽两侧有带帽小柱，腹部有带状饕餮纹，并附手柄。青铜爵为商周时期贵族礼仪酒器，象征着权威和荣耀，也体现了社会等级制度的存在。

## 春秋·骨镳

● 春秋
● 上图：长14.7厘米，宽2.5厘米，厚1.8厘米
● 下图：长8.8厘米，宽2.2厘米，厚1.6厘米
● 社会征集
● 骨质马具。马镳与马衔配合使用，用于控制马的速度和方向。该马镳中一件已残，完整件前端刻有大篆文字，因磨损严重文字难以辨识。

## 战国·铜剑

- 战国
- 左图：长48.5厘米，宽4.3厘米
- 右图：长39厘米，宽4.2厘米
- 社会征集
- 铜质。剑由剑身、剑格、剑茎、剑首四部分构成。该剑范线清晰，打磨精细，品相完好，客观反映了当时山西地区青铜兵器铸造水平。

## 战国·"明"刀币

● 战国
● 长13.5厘米，最宽处1.5厘米
● 1984年汾阳市峪道河遗址出土
● 铜质。正面铸有"明"字，背文比较复杂，冠以"左"或"右"字的较多。该刀币为战国时燕国中期所铸，流通时间较长。

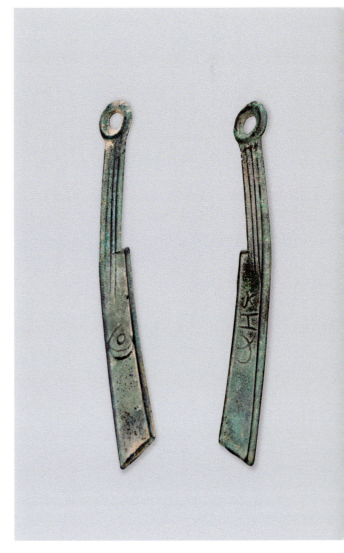

## 战国·"蔺"圆足布币

● 战国
● 长5.1厘米，足宽2.7厘米
● 汾阳市博物馆旧藏
● 铜质。圆首、圆肩、圆弧裆、圆足，正面阳起篆书"蔺"字，背文为"四"。"蔺"圆足布铸于战国晚期，多数出土于山西中部和北部地区。蔺，地名，战国晚期赵邑，今山西离石县西。背文"四"，虽为数字，但既非记重，亦非记年，而是对铸币范次的标记，就像现今造币厂发行货币的冠字号。在同类圆足布中发现背面有"十""卅""卅五""六十五"等等，可见当时铸行布币也是根据社会需要、交易规模按计划进行的。圆足布铸于战国晚期，通行时间较短，秦统一后便不再铸行，故稀缺而珍贵。

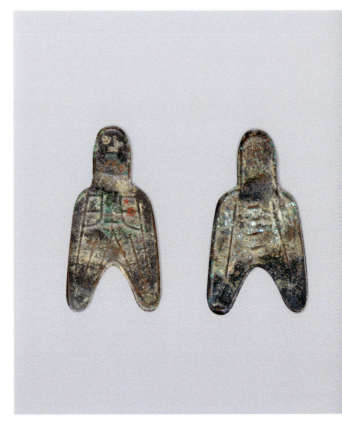

### 战国·"安阳"方足布币

- 战国
- 长4.4厘米，足宽2.7厘米
- 1984年汾阳市峪道河遗址出土
- 铜质。平首、耸肩、平裆、方足，正面阳起篆书"安阳"二字。背面首至裆部有纵向直线，左右各一斜纹，属战国三晋地区货币。安阳，即"安邑之阳"，战国时属魏，今山西夏县。

### 战国·"平阳"方足布币

- 战国
- 长4.6厘米，足宽2.6厘米
- 1984年汾阳市峪道河遗址出土
- 铜质。平首、平肩、平裆、方足，正面阳起篆书"平阳"二字。平阳，今山西临汾。

### 战国·"梁邑"方足布币

- 战国
- 长4.9厘米，足宽3.0厘米
- 1984年汾阳市峪道河遗址出土
- 铜质。平首、耸肩、平裆、方足，正面阳起篆书"梁邑"二字。梁邑战国时属魏，今河南开封。

### 战国·"兹氏"尖足布币

- 战国
- 长5.4厘米，足宽2.9厘米
- 1984年汾阳市峪道河遗址出土
- 铜质。平首、平肩、平裆、尖足，正面阳起篆书"兹氏"二字。"兹氏"布为战国时期三晋货币。兹氏，春秋属晋，战国属赵，现今为山西汾阳。

## 战国·"长子"方足布币

- 战国
- 长4.5厘米，足宽2.6厘米
- 1984年汾阳市峪道河遗址出土
- 铜质。平首、平肩、平裆、方足，正面阳起篆书"长子"二字。"长子"方足布币是战国时三晋地区货币。长子，春秋属晋，战国属韩，今山西长子。

## 战国·"戈邑"方足布币

- 战国
- 长4.8厘米，足宽2.9厘米
- 1984年汾阳市峪道河遗址出土
- 铜质。平首、耸肩、平裆、方足，正面阳起篆书"戈邑"二字。"戈邑"方足布币为战国时魏国货币。戈邑位于今河南省杞县与太康县之间。

## 战国·"商城"尖足布币

- 战国
- 长4.3厘米·足宽2.6厘米
- 1984年汾阳市峪道河遗址出土
- 铜质。平首、平肩、平裆、尖足，正面阳起篆书"商城"二字。战国三晋地区货币。商城，战国时属赵，今河北省邢台市任泽区。

## 战国·"兹氏半"尖足布币

- 战国
- 长5.6厘米，足宽3厘米
- 1984年汾阳市峪道河遗址出土
- 铜质。平首、耸肩、平裆、尖足，正面阳起篆书"兹氏半"三字。"兹氏半"布币为战国时期三晋货币。兹氏，春秋属晋，战国属赵，现今为山西汾阳。

## 战国·"虢"尖足布币

- 战国
- 长5.5厘米，足宽2.8厘米
- 1984年汾阳市峪道河遗址出土
- 铜质。平首、耸肩、平裆、尖足，正面阳起篆书"虢"字。"虢"尖足布币为战国时货币，春秋战国时期有三个虢国，北虢在今山西平陆，东虢在今河南荥阳，西虢在今陕西宝鸡。

## 战国·"平周"尖足布币

- 战国
- 长5.4厘米，足宽2.9厘米
- 1984年汾阳市峪道河遗址出土
- 铜质。平首、耸肩、平裆、尖足，正面阳起篆书"平周"二字。"平周"尖足布币为战国时三晋地区货币。平周，今山西介休西五十里。

## 战国·错金蟠螭纹琵琶形铜带钩

- 战国
- 长28厘米，宽5厘米
- 社会征集
- 带钩整体呈琵琶形，正面起两道折棱，饰错金蟠螭纹，背面左右各设一钮，钮面饰错金旋涡纹。带钩是古人所系腰带的挂钩，起源于西周，战国至秦汉广为流行。

## 战国·错金卷云纹琵琶形铜带钩

- 战国
- 长18.6厘米，宽4厘米
- 社会征集
- 带钩整体呈琵琶形，钩首呈蛇首状，正面饰错金卷云纹，背面钮顶饰错金旋涡纹。

## 战国·带盖青铜釜

- 战国
- 通高18厘米，口径23厘米，底径12厘米
- 社会征集
- 铜质。釜身折沿，矮颈，圆腹，平底，双环耳，腹部三道弦纹。盖面隆起，上饰三道弦纹，喇叭形捉手。

## 战国·附耳兽足青铜鼎

● 战国
● 通高16.6厘米，口径12.5厘米
● 社会征集
● 礼器。铜质。该器物为子母口，圆腹，圜底，三兽足。附耳内敛，盖隆起，上设三个卧兽钮。

## 战国·附耳铜鼎

- 战国
- 通高18厘米，口径17厘米
- 社会征集
- 礼器。铜质。子母口，鼓腹，圜底，三兽足，肩部附双耳。腹中部饰凸棱一道，盖面隆起，盖顶设三个环形纽。

## 战国·青铜鍑

- 战国
- 高28厘米，口径25厘米，足径12厘米
- 社会征集
- 铜质。敛口，折沿，圆腹，双立耳。圈足外
  撇呈喇叭状，足壁有两个三角形穿孔。鍑是
  北方游牧民族常用的炊具，也用作礼器。

## 战国·直内三穿铜戈

- 战国
- 长17.8厘米，宽9.7厘米
- 社会征集
- 兵器。铜质。该戈为中原式，曲援，直内，胡三穿，内一穿。春秋战国时期，戈为士兵的标准装备。

## 战国·三连璧

- 战国
- 外径18厘米，内径9厘米，厚0.4厘米
- 社会征集
- 礼器。岫岩石质。素面，由三段均等
  弧形玉片组合而成。

## 战国·编钟

● 战国
● 高4—6厘米，宽4—6.4厘米，厚2.5—4厘米
● 2022年汾阳市昌瑞汾州府居住小区项目出土
● 编钟兴起于商周，盛行于秦汉，为古代礼乐文化的代表器物。该编钟为钮钟，合瓦形，环钮，一套三件，形制相同，大小依次递减。将编钟作为陪葬明器，反映出当时的贵族对钟鸣鼎食生活的向往。

# 晨光熹微

## GLORIOUS MORNING LIGHT

【秦·汉·魏·晋·南北朝】

汾阳建置始自春秋时期晋景公六年（公元前594年），时称"瓜衍县"，归属晋国，三家分晋后归赵，改称"兹氏县"。战国兹氏布、兹氏戈在晋、陕、冀、蒙的大量出土，说明汾阳最晚在战国时期，已经发展成为商业经济发达的三晋大邑。在三国时期魏黄初二年（221年），首置并州西河郡，北魏太和八年（484年），又属汾州西河郡。千余年间，汾阳从登上历史舞台到达了最初的辉煌。

Fenyang's administrative history began in the sixth year of Duke Jing of Jin during the Chunqiu Period (594 BC), when Guayan County was established on this land as part of the State of Jin. Following the partition of Jin into the three states of Han, Zhao, and Wei, Guayan County came under Zhao's control and was renamed Zishi County. Significant discoveries of Zishi artifacts, including spade money and dagger-axes, in Shanxi, Shaanxi, Hebei, and Inner Mongolia indicate that by the Warring States Period, Fenyang had developed into a thriving commercial hub in the region. In the second year of the Huangchu era of Wei (221 AD) during the Three Kingdoms Period, the area was designated as Xihe Commandery under Bingzhou. By the eighth year of the Taihe era of the Northern Wei (484 AD), it became part of Xihe Commandery under Fenzhou. Over more than a thousand years, Fenyang transitioned from its emergence on the historical stage to the dawn of its early prominence.

## 汉·铁锛

● 汉
● 长14—15厘米
● 2008年汾平公路汾阳段出土
● 生产生活用具。铁质。整体呈扁楔形，前端为刃，后端呈方形并有銎孔。铁锛由石锛发展演变而来，铁锛的出现极大地提高了农业生产效率。

## 汉·铜匜

- 汉
- 高5厘米，口径10厘米，底径7厘米
- 社会征集
- 礼器、水器。铜质。铜匜呈瓢形，带流，椭圆形圈足。铜匜最早出现于西周中晚期，流行于西周晚期至战国时期，战国以后逐渐消失。匜与盘配合，在行盥洗礼时使用。

## 汉·兽衔环耳鼓腹青铜盖壶

- 汉
- 通高18.5厘米，口径7.4厘米，底径9厘米
- 社会征集
- 酒器。铜质。子母口，束颈，溜肩，圆腹，圈足，腹两侧有兽衔环耳。盖面微隆，桥钮，盖面饰线刻柿蒂纹。

## 汉·船形三眼青铜灶

- 汉
- 高7厘米，长22厘米，宽13厘米
- 社会征集
- 铜质。船形，前设火膛，后设烟道。
  灶面有三眼灶口，灶底有四扁足。

## 汉·弦纹吉语铜镜

- 汉
- 直径11厘米，厚0.3厘米
- 社会征集
- 铜质。镜背以凸起的两道弦纹分为内区、中区和外区。内区立桥纽，中区饰涡纹、几何纹，外区饰吉语文字，内容为"内清质以昭明，光辉象日月，心忽穆而愿忠，然壅塞而不泄"。镜缘上刻"汾录官"字样。

## 汉·铺首衔环耳带盖铜钫

- 汉
- 通高33厘米，口径9厘米，底径10厘米
- 社会征集
- 酒器。铜质。方口，短颈，四棱鼓腹，方足，盝顶式盖。盖顶设四鸟形环钮，腹上部对应设兽衔环耳。铜钫为盛酒浆或食物器，流行于战国末至西汉初。

## 汉·带盖鼎形青铜釜

- 汉
- 通高18.5厘米，口径21厘米
- 社会征集
- 铜质。釜身呈折沿，短颈，鼓腹，圈底，三兽足，腹部对应设四环耳。盖圆形，面隆起，上饰三道凸弦纹并附四环耳。圆形捉手，捉手镂雕花卉纹。

## 汉·凸弦纹双铺首圈足铜壶

- 汉
- 高25厘米，口径10.8厘米，底径11.5厘米
- 社会征集
- 盛酒器。铜质。撇口，束颈，鼓腹，深圈足。肩部相对设两个铺首，器身饰三道弦纹。

## 汉·青铜甗

- 汉
- 通高22厘米，甑口径15.2厘米
- 社会征集
- 铜质。由釜、甑、覆盆式盖三件组成一套，整体素面。釜小直口，折肩，鼓腹，圆底，器腹中部外出凸棱一道。甑敞口，外折沿，鼓腹，箅子底，小圈足套在釜的小直口外。覆盆式盖敞口，折沿，平顶。

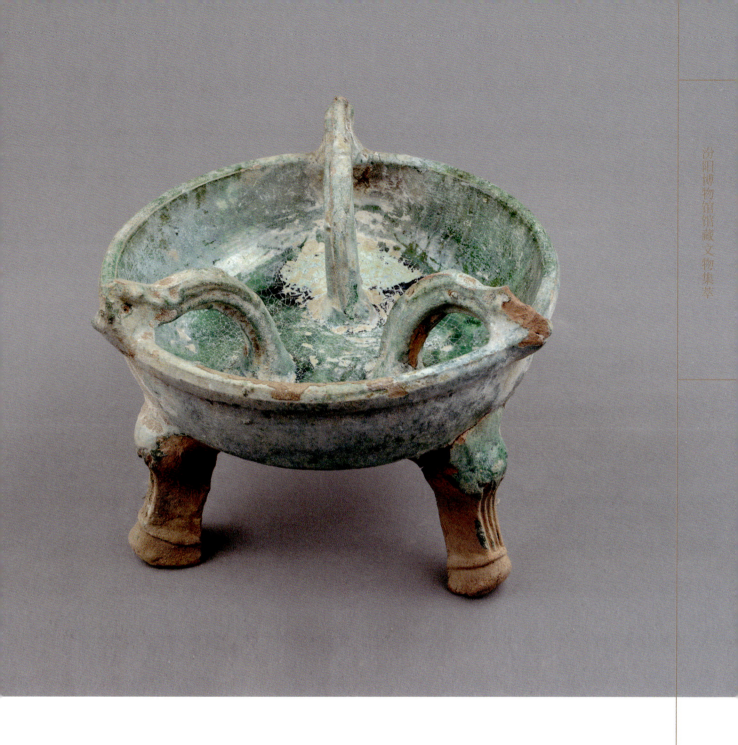

## 汉·绿釉三兽足内龙形支架陶炉

- 汉
- 高12厘米，口径15.8厘米
- 2013年汾阳市会展中心出土
- 低温釉陶。敞口，唇沿，弧腹，平底，底部三兽足。炉内设三条龙形支架，龙头作衔沿状，龙身弯曲，尾部与炉底相连。炉身施绿釉，三兽足露胎。

## 汉·青铜甗

- 汉
- 通高26.5厘米，甑口径19.8厘米
- 社会征集
- 铜质。由釜、甑、覆盆式盖三件组成一套。釜小直口，折肩，鼓腹，圆底，腹中部外出凸棱一道，肩设圈耳挂环一对。甑敞口，外折沿，鼓腹，箅子底，小圈足套在釜的小直口外。盖敞口，外折沿，平顶，两侧设圈耳挂环一对。

## 汉·铜蒜头瓶

- 汉
- 高30厘米，口径3.1厘米，底径10厘米
- 社会征集
- 盛酒器。口部蒜头状，长颈，溜肩，鼓腹，
  深圈足。颈部设一道凸弦纹。

## 汉·环耳鼓腹铜鍪

- 汉
- 高15厘米，口径12.5厘米
- 社会征集
- 炊具。铜质。鍪是釜的一种变体。该器物撇口，溜肩，束颈，圆腹，圈底，肩部附圆环形耳。

## 汉·错金铜带钩

- 汉
- 长19.5厘米
- 2008年汾平公路汾阳段出土
- 铜质。带钩由钩首、钩身、钩钮三部分构成。钩身正面施错金纹饰。

## 汉·铜带钩

- 汉
- 长18厘米
- 2008年汾平公路汾阳段出土
- 铜质。带钩由钩首、钩身、钩钮三部分构成。钩身正面刻几何纹并镶嵌螺钿、绿松石。

# 汉·红陶鼎

- 汉
- 通高16.6厘米，口径19厘米
- 社会征集
- 泥质红陶。由鼎盖和鼎身组成，鼎身为直口，圆底，三兽蹄足，左右对称设附耳。鼎盖盖面隆起，饰三个兽头钮。

## 汉·附耳铜盖鼎

- 汉
- 通高10厘米，口径10厘米
- 社会征集
- 铜质。鼎呈子母口，扁腹，腹中部设
  一凸棱，圜底，附耳内敛，三兽足。
  盖圆形，面隆起，上设三卧兽钮。

## 汉·彩绘灰陶盖罐

- 汉
- 通高14厘米，口径8.7厘米，底径8.7厘米
- 汾阳市博物馆旧藏
- 泥质灰陶。罐口微侈，沿微折，溜肩，鼓腹
  下收，平底。盖圆形，面隆起，上施彩绘。

# 汉·长方形三眼陶灶

- 汉
- 高13厘米，长31厘米，宽22厘米
- 汾阳市博物馆旧藏
- 灶为长方体，灶面设一大两小共三个突起圆形灶口，孔形烟道。模刻有羊头、鸭子、肉串、鱼、肉、勺、案、盘、箅等装饰。

## 汉·细绳纹鼓腹折沿陶罐

- 汉
- 高28厘米，口径13厘米，底径16.5厘米
- 汾阳市博物馆旧藏
- 泥质灰陶。小口，折沿，短颈，溜肩，鼓腹，平底。器身饰细绳纹，近底一周素面。

### 汉·彩绘弦纹陶盒

- 汉
- 通高11厘米，口径16.4厘米
- 2000年夏汾高速公路汾阳段出土
- 泥质灰陶。由盒盖和盒身组成，子母口。盒盖圆形，顶部隆起，施黄、红、褐三色彩绘纹饰。盒身敞口，弧腹，平底。

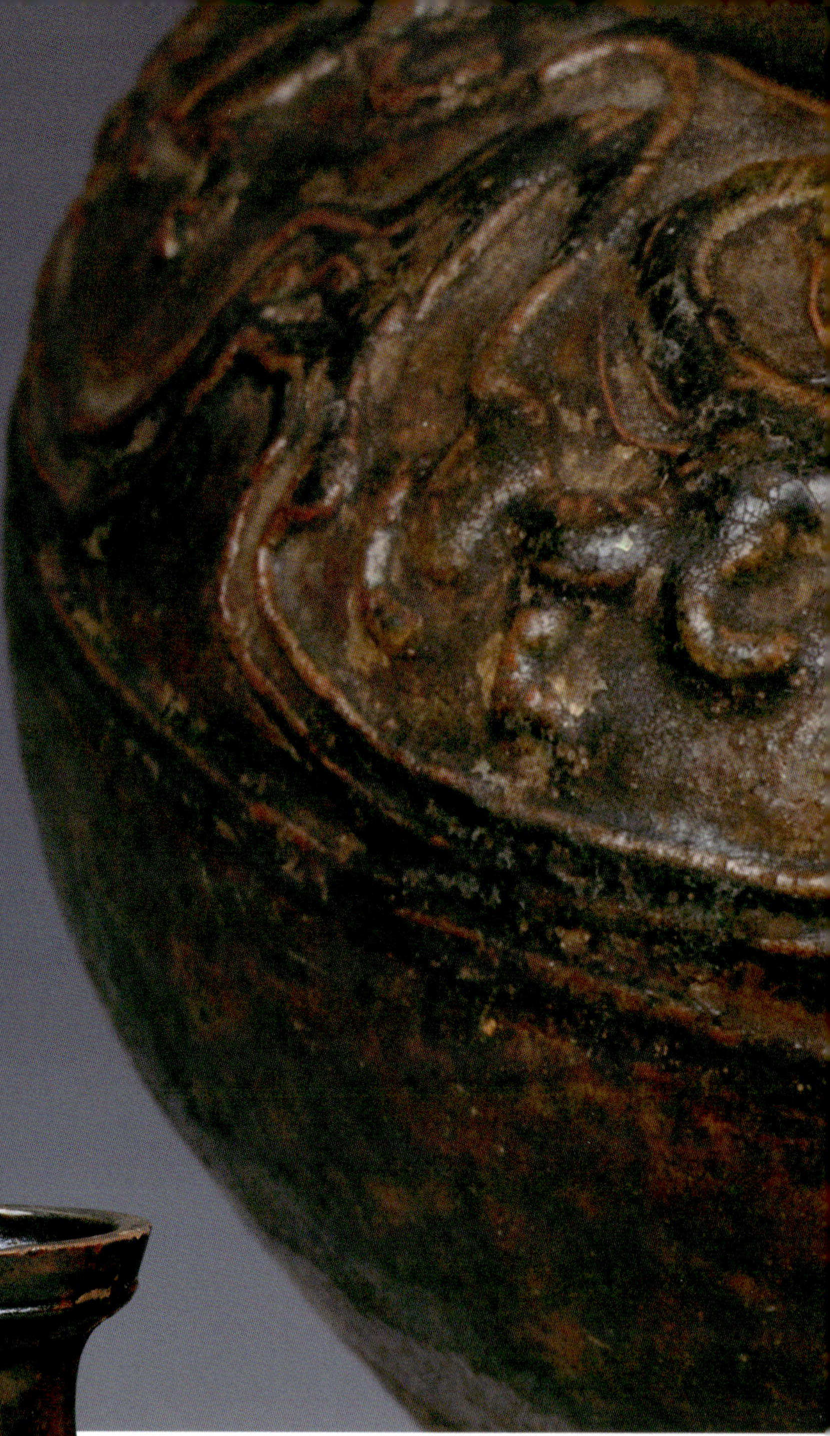

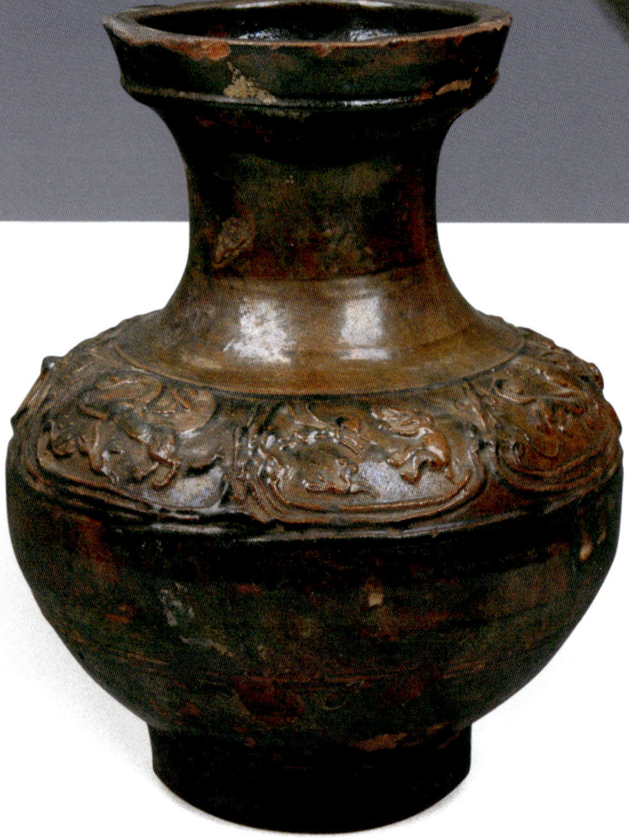

## 汉·黄褐釉龙纹陶壶

- 汉
- 高32.5厘米，口径17厘米，底径14.2厘米
- 社会征集
- 低温釉陶。盘口，束颈，丰肩，鼓腹，假圈足。肩部饰浅浮雕兽衔环耳和龙纹。通体施黄褐釉。

## 汉·黄绿釉狩猎纹带盖陶壶

- 汉
- 通高30.5厘米，口径10.2厘米，腹径19厘米，底径10.8厘米
- 社会征集
- 低温釉陶。侈口，束颈，溜肩，鼓腹，假圈足，博山炉式盖。肩部饰浅浮雕狩猎纹。通体施黄绿釉。

## 汉·绿釉陶方奁

- 东汉
- 高13厘米，长47厘米，宽19厘米
- 1999年汾阳市三泉镇巩村出土
- 低温釉陶。奁由盖和盒组成，盒为长方形，直口，平唇，平底。盖面呈盝顶式，顶部饰凹槽、四乳钉。通体泛铅银光。

# 汉·铜勺

- 汉
- 通长27.6厘米，勺身口径9.6厘米
- 2018年汾阳职教中心工地出土
- 铜质。圆形勺身，长方形勺柄，柄端部有一圆形穿孔，通身无纹饰。

## 汉·弦纹茧形壶

● 汉
● 高12.8厘米，口径11.4厘米，底径11.5厘米
● 2000年夏汾高速公路汾阳段出土
● 泥质灰陶。直口，卷沿，短颈，茧形腹，圈足
　外撇，腹身纵向饰数组弦纹。

## 汉·青铜三足盖鼎

- 汉
- 通高 15.8 厘米，口径 14 厘米
- 2018 年汾阳职教中心工地出土
- 铜质。鼓腹，圈底，三兽足，附直耳。圆形盖。

## 汉·东王公画像石

● 汉
● 长140厘米，宽29.7厘米，厚5厘米
● 社会征集
● 竖框石，浅浮雕。该汉画像石主题图案
  分为三层，上层为东王公与牛神对坐畅
  饮于庑殿顶式宫内，中层为龙门吏(持
  戟)，下层为骆驼与劳作者。

## 汉·西王母画像石

- 汉
- 长140厘米，宽29.7厘米，厚5厘米
- 社会征集
- 竖框石，浅浮雕。此画像石主题图案分为三层，上层为西王母坐于庑殿顶式的宫殿中，手持仙草，中层为虎门吏(持戟)和劳作者，下层为不死树下的仙人。

## 汉·彩绘人物砖雕

- 汉
- 长28厘米，宽17.5厘米，厚2.5厘米
- 社会征集
- 构图饱满，雕刻精细。男执矛，女持钵，人物造型生动，体态雍容，舒袍广袖，服饰有强烈的汉代特点，为不可多得的雕塑艺术珍品。

## 汉·动物图腾砖雕

- 汉
- 长28厘米，宽17厘米，厚2.5厘米
- 社会征集
- 古人用瑞兽、祥禽来祈福禳灾，来自对
  原始动物图腾的崇拜。该砖雕用夸张的
  手法，塑造出白虎、天马、飞禽等形象，
  有强烈的民间装饰意味。

## 汉·骨雕干支五行筹

- 汉
- 长11厘米，宽1厘米，厚0.3厘米
- 2018年汾阳市北门村出土
- 骨质，阴刻，涂朱。古人占卜之用。一面小篆镌刻天干地支和
  五行，文字内容为"甲子木，乙丑木，丙寅火，丁卯火，戊辰土，
  己巳土，庚午金，辛未金，壬申水，癸酉水，甲戌木，乙亥木"。

# 汉·博山铜香炉

- 汉
- 通高 10 厘米，口径 5.7 厘米，底径 10 厘米
- 社会捐赠
- 铜质。焚香器具。炉底座如平底盘，炉身豆
  形，上置盖，盖高而尖，似重叠山形，有镂
  空云气纹。

## 汉·新莽"货布"方足布币

● 新莽
● 长5.5厘米，足宽2.2厘米
● 汾阳市博物馆旧藏
● 铜质。平首，平短肩，平短裆，平足。正面为垂针篆书"货布"二字，背面平素无饰。新莽天凤元年(公元14年)通行，是王莽第四次改革币制的见证。

## 汉·新莽
## "大布黄千"方足布币

● 新莽
● 长5.3厘米，足宽2.2厘米
● 汾阳市博物馆旧藏
● 铜质。平首，圆穿，平肩，平裆，方足。正面篆书"大布黄千"。大布黄千在布货中面值最大，是王莽币制改革乱象的见证。

# 南北朝·一佛两弟子石佛像

- 北魏
- 高27厘米，宽22厘米
- 汾阳市博物馆旧藏
- 砂石质。佛像结跏趺坐，衣纹线条简洁，面相饱满，表情神秘而庄严，两侧各站立一胁侍。底座下刻"囗平四年十一月八日……"

## 南北朝·弦纹三足陶仓

- 北朝
- 高34.4厘米，口径8.9厘米，底径18.6厘米
- 社会征集
- 细泥灰陶。敛口，圆唇，丰肩，长筒形腹，平底，三兽足。腹周围施四组凸弦纹带，腹下部有一长方形出粮口。该器物原为灰陶，经传世已磨得显亮而发黑。

# 南北朝·兽衔环耳带字陶罐

- 北魏永平元年(508年)
- 高19.3厘米，口径10.5厘米，底径12.2厘米
- 汾阳市博物馆旧藏
- 灰陶质。直口，溜肩，鼓腹下收，平底。肩部附两兽衔环耳，罐腹上部前面阳刻"巳山亥向，十二世祖法讳了空真人"，后面阳刻"巳山亥向"，底阳刻宽边方印篆文"永平元年"。

## 南北朝·四面佛石造像塔

- 北朝
- 高36厘米，上宽10厘米，下宽12厘米
- 汾阳市博物馆旧藏
- 石质。断面为方形，立面收分，顶部为平顶。塔身
  正面雕三层佛龛，上层龛内雕燃灯古佛，中层龛内
  雕弥勒佛，下层龛内雕释迦牟尼佛。下层龛两侧与
  顶部分别雕迦叶、阿难及四菩萨。塔身两侧及背面
  分为七级，雕坐佛共计63尊。

# 丽日当空

BRIGHT SUNLIT SKY

【隋·唐·宋·金·元】

---

　　隋唐时，中国封建社会进入繁荣时期。公元617年，李世民、李建成率领反隋军首拔西河的胜利，为盛唐开启奠定了基础。其时汾阳为州、郡治所，成为全国经济相对发达的地区。

　　宋金元时期，疆域变换、政权更迭，汾阳人口时而输出，时而回流，中原农耕文化与北方游牧文化再度碰撞、融合。忽必烈定都燕京，君临天下以后，山西的战略地位逐步提高，成为元朝赖以藩辅统治核心的腹里重地，而汾阳作为南北贸易枢纽的货物集散地，商业得到快速发展。

---

During the Sui and Tang Dynasties, Chinese feudal society entered a period of prosperity. In 617 AD, Li Shimin and Li Jiancheng led rebel forces against Sui rule, achieving victory in Xihe and paving the way for the flourishing Tang Dynasty. At that time, Fenyang served as the administrative center for both a province and a commandery, becoming one of the more economically developed areas in the country.

During the Song, Jin, and Yuan Dynasties, territorial changes and political upheavals led to fluctuations in Fenyang's population, marked by periods of migration and return. The agricultural culture of the Central Plains once again intersected and merged with the nomadic culture of northern China. After Kublai Khan moved the capital to Yanjing (present-day Beijing) and established his rule of the empire, Shanxi's strategic importance steadily increased, becoming a crucial region supporting the Yuan Dynasty's governance. Fenyang, as a hub for trade between northern and southern China, experienced rapid commercial development.

## 隋·青釉瓷长柄方足灯

- 隋
- 通高38厘米，底宽15.5厘米
- 1989年汾阳市北关村宏堡道梅渊墓出土
- 瓷质。灯由上下两部分组成，上半部分设灯盘，盘壁微外侈，盘内中心立竹节形矮柱，柱顶内凹，用以置灯捻、灯油或插蜡烛。盘下连带梢短柄，用来与其下面的灯柄插接。下半部分设细长灯柄，柄上端设凹窝，下端外撇呈喇叭形，与平板方形底座相连。盘心插柱、灯座和灯柄上均有阴线弦纹装饰。通体施青釉，盘底短柄与灯座底部无釉。

## 隋·青釉瓷碗

- 隋
- 左图：高6.5厘米，口径8.5厘米，底径3.5厘米
- 中图：高6.5厘米，口径8厘米，底径3.5厘米
- 右图：高6厘米，口径8厘米，底径3.2厘米
- 1989年汾阳市北关村宏堡道梅渊墓出土
- 瓷质。口微敛，深腹下收，假圈足。假圈足底部微显内凹，周边抹棱。内外施青釉，外腹下部釉不到底，底无釉，釉面有冰裂纹。

## 隋·青釉三系龙柄壶

● 隋

● 高45.5厘米，口径12.9厘米，底径13厘米

● 1989年汾阳市北关村宏堡道梅渊墓出土

● 瓷质。盘口，束颈，溜肩，鼓腹，平底。在肩
  部与盘口一侧置龙形柄，柄上端作变形龙首衔
  盘口状，下端饰三个假铆钉。与柄相对的一侧
  和左右两侧的肩部置三个泥条盘成的系，系下
  端也饰假铆钉。壶内外施青釉，外腹施釉不到
  底，露灰白胎。

# 隋·青釉瓷盏托

● 隋

● 高13.9厘米，口径13.8厘米，底径8.1厘米

● 1989年汾阳市北关村宏堡道梅渊墓出土

● 瓷质。盏托上部设盘，盘壁外撇，底部平坦，盘内中间有中空的矮柱状托台，盘外壁与盘底交接处有折棱，盘底设短柄，短柄下端外撇为喇叭形圈足。盏盘与托台施青釉，短柄与足无釉。

### 隋·青釉瓷高足盘

● 隋
● 高9.1厘米，口径31厘米，底径17厘米
● 1989年汾阳市北关村宏堡道梅渊墓出土
● 瓷质。盘壁外侈，壁与底交接处有折棱。
  盘内底微下凹，中心印莲花，周围印忍
  冬纹、莲花蕾纹饰，并有三个支烧痕迹。
  盘底下为喇叭形高圈足。盘体内外施青
  釉，圈足内外无釉。

## 隋·青釉瓷盖罐

- 隋
- 通高28.5厘米，口径17.3厘米，底径14.4厘米
- 1989年汾阳市北关村宏堡道梅渊墓出土
- 瓷质。罐呈敛口，束颈，溜肩，鼓腹，平底。
  盖面内凹，中间设桃形捉手。罐内外施青釉，
  外腹施釉不到底，罐底与盖底无釉。

## 隋·青釉瓷唾盂

● 隋

● 通高14厘米，口径8.6厘米，底径7.7厘米

● 1989年汾阳市北关村宏堡道梅渊墓出土

● 瓷质。盘口，束颈，斜肩，垂腹，假圈足。
盖面内凹，中间设桃形提手，盖沿与盂口平
齐扣合。盂颈与上腹部有阴线双弦纹三周。
内外施青釉，外腹釉不到底，盂底与盖底无
釉。盂上部胎骨较薄，下部较厚重。

## 隋·隰城处士梅君墓志

- 隋开皇十五年（595年）
- 长53厘米，宽53厘米，厚9.5厘米
- 1989年汾阳市北关村宏堡道梅渊墓出土
- 青石质。墓志由盖和底组成，整体呈正方形。盖盝顶式，盖面阳刻"梅君墓志"四字篆书。志底正面阴刻楷书，共19行，满行19字，共349字。志主梅渊，北齐参军。志文书体既有魏碑的古雅端丽，又有隶书的顾盼生姿，集秀丽与雄劲于一身。可以说《梅君墓志》之书风自成一体，别有韵致。

- 【志文】

大隋隰城处士梅君墓志

君讳渊，字文叡，九江寿春人也。汉世仙人梅福，即其后焉。祖逊，冠带伊川，聿来汾浦，自兹厥后，因住西河。考洛，披褐怀玉，藏名晦迹。君幼表异姿，龆年籍甚，起家齐国参军。及遭不造，攀慕如绝，至性荼毒，扶而后起。学如拾芥，未以朱紫为荣；服义基身，不持名利涉想。积善无征，早从物化，年卅七卒。夫人李氏，柔恭静顺，光于内则，劬劳鞠养，实有深慈，信心重法，妙识因果，春秋六十九而卒。今以开皇十五年岁次乙卯八月丁亥朔廿三日己酉吉辰合葬。长子丑，年廿八而卒。次子白驹，年卅八而亡，并早擅风猷，信著乡邑，哲人不永，相继凋零，乃为铭曰：

江汉英灵，世载有德。汾浍物产，不虚其则。若言羽化，排空振翼。如论事主，忠而能力。克隆祖武，实光厥初。皋成嵬嶷，叶起扶疏。见贤思等，慕蔺同如。浊源断谷，清流润墟。闺门肃穆，实有家风。恭孝若闵，训厉如融。复明因果，妙达若空。两树影灭，八解能通。山川寥廓，秋气苍茫。坟开旧土，垄插新杨。一归蒿里，徒述兰芳。忽非过隙，逝水汤汤。

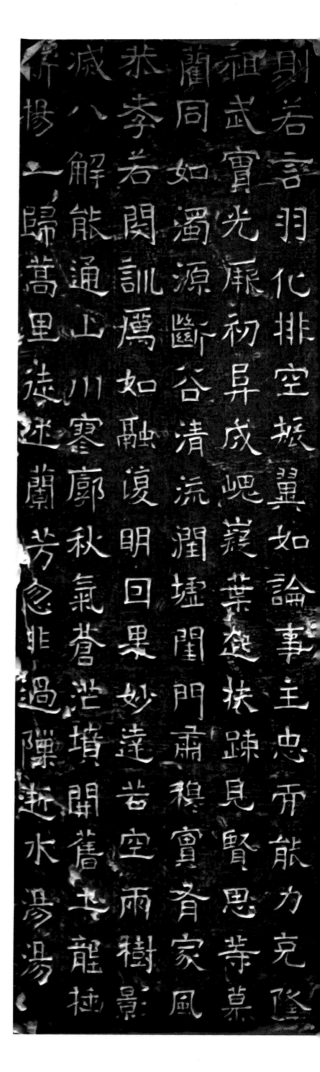

夫隋隱城處士梅君墓誌

君諱淵字文叡九江仙人也漢珽

其後爲祖遜冠帶伊川幸来汾浦自兹庵後田佐

西河孝洛披褐懷玉藏名梅迹君勁表異姿齠秊身

藉甚起家齊國於宷芥未遭不造攀慕如絕至性

毒扶宛後起學如拾芥未以朱崇爲榮脈義卄基

一丞持名利沙想積善夢徵早従抑化年卄實也

父李氏柔恭静順回果春秋六十九而卄養實育深慈

信心重法妙識回八月丁亥朔廿三日己酉吉之辰

十五年歲次乙卯八月丁亥朔廿三日己酉吉之辰

合葬長子醜年廿八而次子白駒年卌八而卌八吉之辰

並早櫝風猷献信著鄉邑捨人不永相繼屋零迺爲

## 隋·王君墓铭

- 隋开皇十六年(596年)
- 长44.3厘米，宽43.6厘米，厚7厘米
- 社会征集
- 砂石质。墓志由盖和底组成，整体呈正方形，盖盝顶式。盖面篆"王君墓铭"。志文楷书，共17行，满行17字，共283字。志主王康，岐州刺史。志文书风结体方正，用笔富于变化，撇、捺中有隶书意味，古拙秀雅，别具一格，为隋楷中珍品。

- 【志文】

　　君讳康，字文盛，太原内都人也，晋司徒王沈之裔。祖贵，魏安邑太守，英才挺秀，望重一时。考，河朔郡功曹，雅亮清虚，名冠当世。君簨承家绪，槁气自天，器量淹凝，风韵酋远。追王粲之悟物，譬管辂之知机。然诺等于仲由，守节同于原宪。智囊义窟，无愧齐镳，折角藏耳，有足连类。固能悬榻待士，到扉迎宾。家丰七宝之珍，门多千里之客。暮年版授岐州刺史，既而浮箭易徙，过客难停。太山未颓，灵台已谢，春秋七十有一，以开皇十六年，岁在青龙，五月癸丑，朔，廿一日癸酉，卒于寝。其年八月廿九日，窆于隰城西北五里。精灵永逝，景行空传。若不勒石，黄泉何以长久。乃为铭曰：

　　赫赫大周，君临九土，永基远叶，流芳下武。涉猎文绮，错综今古，堂宇莫窥，宫墙难睹。灼龟观兆，卜云其吉，出彼邺门，来游此室。古石苔浓，荒坟草密，郁郁徃城，何当见日。

君諱康字文盛太原内都人也晉司□王決
故裔祖豐魏安邑太守英才挺秀望重一時
考河翔郡切昌雅亮清虚名冠當遠君墓承
家緒竇氣自天器量淹然風韻箇遠追王□
之悟物譬管輅之知櫟諾芳於沖由守節察
同於原冕智囊義無媿齊鑣折角藏守七寶
足連頹固能懸之待土到歷迎賓家豐七既
之珎門多千里之暮季版授歧州刺史寶
春秋七十有一以難停太山末頹靈臺已謝五
月癸丑翔□戊□日癸酉卒於寢復其年八月□

## 唐·罗汉石造像

- 唐
- 高19—20.2厘米
- 1984年晋中市平遥县宁固村出土
- 该文物一组六件，砂石质。造型生动，神情各异，其中有些罗汉头像深目高鼻，有强烈的异域风格，是佛教民族化、本土化过渡期的产物。

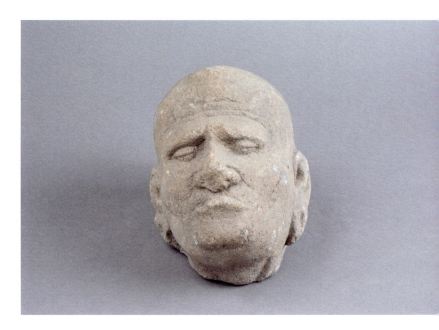

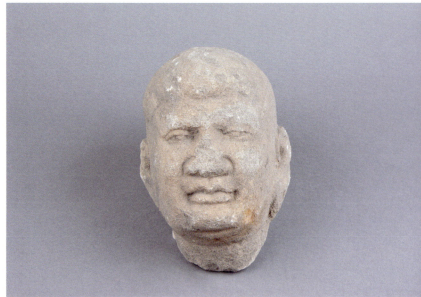

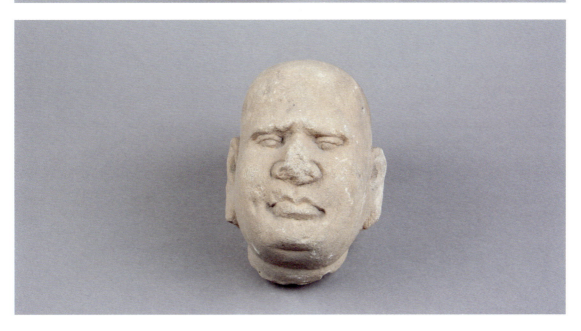

## 唐·宋君墓志

- 唐开元二十三年（735年）
- 长57厘米，宽57厘米，厚9厘米
- 2002年汾阳市栗家庄乡石家庄村出土
- 青石质。墓志由盖和底组成，整体呈正方形，盖盝顶式。盖面篆"宋君墓志"。志文楷书，共19行，满行19字，共339字。志文中出现"葬于汾阳城西南七里平原"字样，为唐代汾阳城即今汾阳城提供了实证。

- 【志文】

　　大唐故宋府君墓志铭并序

　　　　君讳胤，字承祖，西河孝义人也。处士感之孙，名贤静之子，莫不遗身成节，尚义自光，累叶奉之，能遂其绪。加以鸿毛轩冕，不趋于朝阙；骊珠孝道，竭力于庭闱。匪情疏而貌亲，乃言出而行赴。□则传乎时口，闻乎时耳，岂虚也哉！识真者咸谓□大隐君子。年卌有四，开元廿二年四月廿七日卒。乡邻痛恸，戚属哀摧，行路悽伤，相视无色。夫人翟氏，既罢齐眉之案，切轸柏舟之汎。夫义永积，子爱深存。构玄宫导封树之仪，守苹荐展孝思之礼。为棺为椁，斑然拳然，千秋一时，易代同美。以开元廿三年八月廿三日，葬于汾阳城西南七里平原，礼也。观夫志者，记也，盖记其坟茔之所在，故伯子令璋、仲子令光等征石刻记，冀千载而远知我君葬于此地。铭曰：

　　　　哲人命世，年才卌。冰行幼著，芳声凤立。颜兮未易，祸兮暗入。一息见亏，九泉俄及。素车引而不留，丹旐扬而空揖。寡妇随摒，孤男从泣。哀号原野，声振郡邑。丘陇迟迟，星霜急急。痛玉人兮遽殁，知露草兮暂湿。

大唐故宋府君墓誌銘

君諱胤字承祖西河孝義人也曍士感之孫名

賢靜之子莫不遺身成節尚義自光累葉奉之珠胘孝

遂其力於庭闈匪情踈而臭親乃言出為行趍謂

道竭前傳于時口聞于時年卅有四開元廿二年四月廿七日

夫人隱君子年卅有四開元廿二年四月廿七日

卒鄉隣痛慟戚屬哀摧行路惝傷相視無色夫義永

積子愛深存攬玄宫遵封樹之儀守蘋薦展孝思以

之禮為棺為槨斑然奉然千秋一時易代同美

開元廿三年八月廿三日葬于

汾陽城西南七里

平原禮也觀夫誌者蓋起也其賾塋之

## 唐·青釉四系龙柄鸡首瓷壶

● 唐

● 高41.2厘米，口径9.4厘米，底径13.2厘米

● 2007年汾阳市胜利路原农修厂曹怡墓出土

● 瓷质。口沿微外撇，长颈，溜肩，鼓腹下收，
足外撇，平底，龙形柄，鸡首。颈部设三道凸
棱，肩部有四系。施釉至上腹部。

## 唐·石刻达摩画像

- 唐大历三年(768年)
- 高87厘米,宽72厘米
- 汾阳市博物馆旧藏
- 青石质。达摩像呈坐姿,身着通肩袈裟,身体向右微侧。画像左上角有偈语云:"道从初悟,与佛衣传,断情因果,云心善缘,帝闻糊耳,面壁九年,翻开窠臼,说法宗禅,存神过化,无量无边,人惊入灭,执履西天"。右上角书"大历三年一月……"

### 唐·彩绘塔式陶罐

- 唐
- 通高67厘米，腹径30厘米，底径24厘米
- 社会捐赠
- 泥质灰陶。塔刹形盖，盖与罐扣合。
  罐身溜肩，鼓腹，下接喇叭形圈足。

## 唐·灰陶骆驼俑

- 唐
- 高25厘米，长37厘米，宽13厘米
- 社会征集
- 泥质灰陶。该骆驼俑呈卧姿，仰颈翘首，
  目视远方，双峰间设泥障。

# 唐·黄釉瓷罐

- 唐
- 高34厘米，口径7厘米，底径12厘米
- 2007年汾阳市胜利路出土
- 瓷质。小口，唇沿，短颈，溜肩，鼓腹下收，平底。口沿至腹部施黄釉。

## 唐·四壁造像石碑

● 唐
● 高120厘米，宽45厘米
● 2004年汾阳市栗家庄乡石家庄村出土
● 青石质。造像碑是北魏至唐代这一时
  期风行的特有的佛教文化艺术品类。
  该造像碑雕琢精细，造型古朴，为唐
  代石刻珍品，是研究汾阳宗教史的珍
  贵史料。

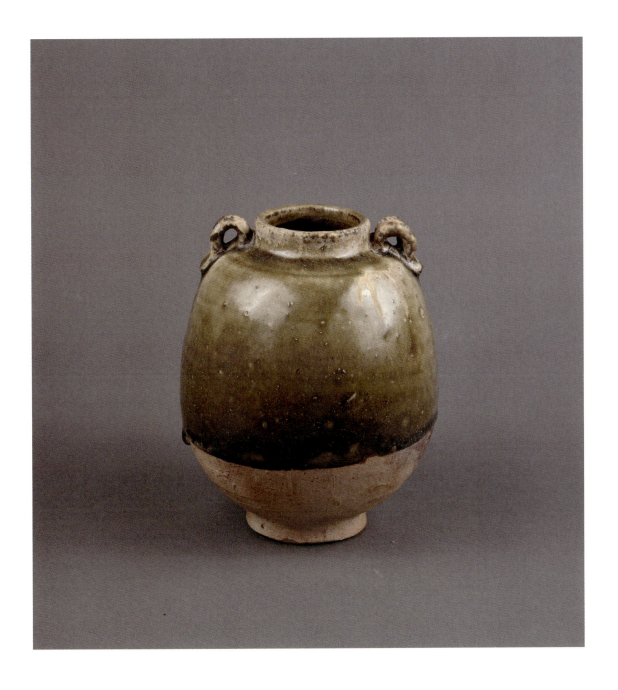

## 唐·黄绿釉双系瓷罐

● 唐

● 高15.8厘米，口径5.7厘米，腹径13.1厘米，底径6厘米

● 社会征集

● 瓷质。平沿，短颈，溜肩，垂腹，假圈足。肩部设双环系，
口沿至腹部施黄绿釉。

## 唐·释迦牟尼铜坐像

● 唐
● 高5厘米，肩宽1.8厘米，座3×1.5厘米
● 社会征集
● 铜质。高髻，面部端庄，身穿交领僧服，
  结跏趺坐。

# 五代·菩萨头像

- 五代
- 高26.2厘米，宽17.5厘米
- 汾阳市博物馆旧藏
- 砂石质。头戴化佛宝冠，脑后正中束发髻，两耳饰坠，眉心有白毫，两眉挑起，眼部细长，面部清俊，宝相庄严。整体线条挺拔、流畅，雕刻精致。

## 宋·磁州窑白地黑花腰形瓷枕

- 宋
- 高14厘米，长29厘米，宽23.8厘米
- 1990年山西医科大学汾阳学院出土
- 瓷质。枕呈腰圆形，前低后高，平底。枕面沿
  出壁，抹角。枕体中空，近底足处留有气孔。
  通体施白釉，枕面中部饰墨彩花纹。

## 宋·白釉褐花瓷枕

- 宋
- 高14.7厘米，长30厘米，宽24厘米
- 1989年汾阳市柴油机厂宿舍出土
- 瓷质。枕呈腰圆形，前低后高，平底。枕面沿出壁，抹角，枕壁前直后圆。枕体中空，近底足处留有气孔。通体施白釉，枕面绘墨褐彩花纹。

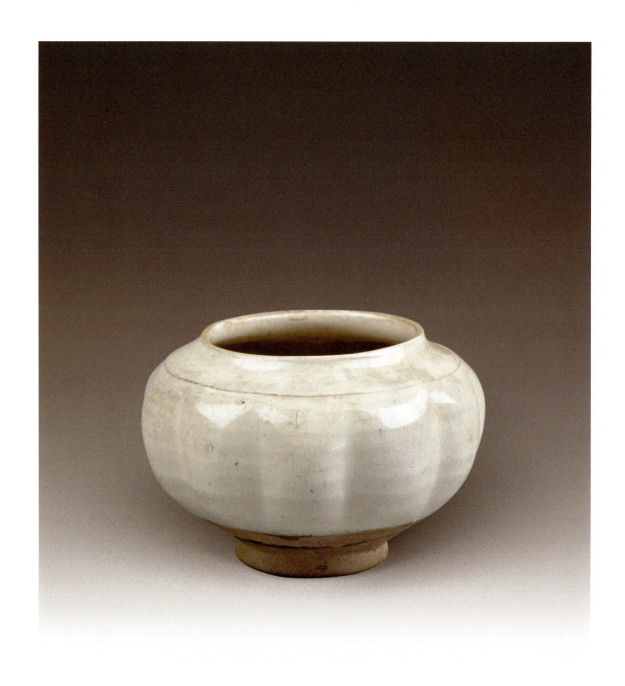

### 宋·白釉瓜棱瓷罐

- 宋
- 高7厘米，口径7厘米，底径5厘米
- 社会征集
- 瓷质。敛口，瓜棱形鼓腹，实圈足。
  通身施白釉，施釉不到底。

## 宋·黑釉瓷嘟噜瓶

● 宋
● 高20厘米，口径4.1厘米，底径12.6厘米
● 社会征集
● 瓷质。直口，短颈，鼓腹下收，平底。通身施黑釉，
  施釉不到底，釉面饰有圆形紫斑。

## 宋·白釉褐花瓷梅瓶

- 宋
- 高40厘米·口径5厘米·底径7.5厘米
- 社会征集
- 瓷质。盛酒器。小口，束颈，溜肩，上腹鼓，下腹缓收，底内凹。通体施白釉，绘褐彩牡丹花卉纹。

## 宋·铁红釉斗笠形瓷碗

● 宋

● 高4.5厘米，口径14厘米，底径4厘米

● 社会征集

● 瓷质。敞口，斜腹，圈足。通体施铁红釉。

## 宋·黄绿釉束腰瓷枕

- 宋
- 高11厘米，长20厘米，宽11.5厘米
- 2008 年汾阳市东龙观村出土
- 瓷质。枕为束腰长方体。通体施黄绿釉，压席纹。

## 宋·白釉黄褐花腰圆形瓷枕

- 宋
- 高12.2厘米，长22.3厘米，宽19.3厘米
- 社会征集
- 瓷质。枕呈腰圆形，壁上鼓下收，枕面前低后高，平底。枕体中空，近底足处留有气孔。通体施白釉，底无釉，枕面绘黄花褐叶牡丹纹，双弦纹圈边，边釉局部脱落。

## 宋·褐釉印花双系瓷扁壶

- 宋
- 高23.4厘米，口径7.3厘米，底径9.5×8厘米
- 汾阳市博物馆旧藏
- 瓷质。小口，短颈，折沿，壶身呈圆饼状，椭圆形圈足。肩部置双贯耳系，圈足两侧各有一穿孔。壶身两面印花，一面为菊花纹，另一面为龟背锦纹。施褐釉，施釉不到底。

## 宋·黑釉印花瓷扁执壶

- 宋
- 高20.9厘米，口径6.5厘米，底径6.4×7.7厘米
- 汾阳市博物馆旧藏
- 瓷质。小口，束颈，折沿，壶身呈圆饼状，椭圆形圈足。肩部一侧有注，注口向上，另一侧为曲形执。圈足两侧各有一穿孔，并饰双弦纹。壶腹两面均密印梅花纹饰。通体施黑釉，底边无釉。

## 宋·白釉花口瓷洗

● 宋
● 高2.7厘米，口径16厘米，底径10.4厘米
● 2018 年汾阳市北门村出土
● 瓷质。葵口，斜腹，圈足，内底平。通体施白釉。

### 宋·水波绶带纹三兽足岫玉香炉

- 宋
- 高8厘米，口径8厘米
- 2000年汾阳市冯家庄村出土
- 岫岩玉。敛口，平折沿，束颈，鼓腹，平底，
  三兽头足。腹中部开光，阳刻三段相同的波
  浪形绶带纹。

## 宋·砖雕僧人俑

- 宋
- 高35厘米，肩宽9厘米，厚4.5厘米
- 社会征集
- 陶质。头剃须发，身着僧衣，仪态肃穆，形象逼真，线条流畅，静中见动。以僧俑随葬，实属罕见，是宋代汾阳地区深受佛教文化影响的实证。

## 宋·白釉斗笠瓷盏

- 宋
- 高5.2厘米，口径14.7厘米，底径3.6厘米
- 2018年汾阳市北门村出土
- 瓷质。敞口，斜直腹，圈足。通体施白釉
  泛青，盏内印花卉纹。

## 宋·白釉莲瓣瓷碗

● 宋
● 高4厘米，口径8.9厘米，底径3.3厘米
● 2006年汾阳市英雄南路出土
● 瓷质。花敞口，莲瓣腹，圈足。通体施白釉，圈足内墨书"王"字，足底无釉。

## 宋·白釉高足杯

- 宋
- 高6.1厘米，口径8.9厘米，底径3.5厘米
- 2023年汾阳市杏花村镇小相寨村出土
- 瓷质。敞口，弧腹，高圈足，圈足外撇。
  圈足之上施白釉，口沿内外饰淡褐彩弦带。

## 宋·绿釉印花卉纹瓷碗

● 宋

● 高5厘米，口径11厘米，底径3厘米

● 2008年汾阳市东龙观村出土

● 瓷质。敞口，斜腹，小圈足。碗内刻
  缠枝牡丹纹，碗壁外设瓜棱纹。通体
  施绿釉。

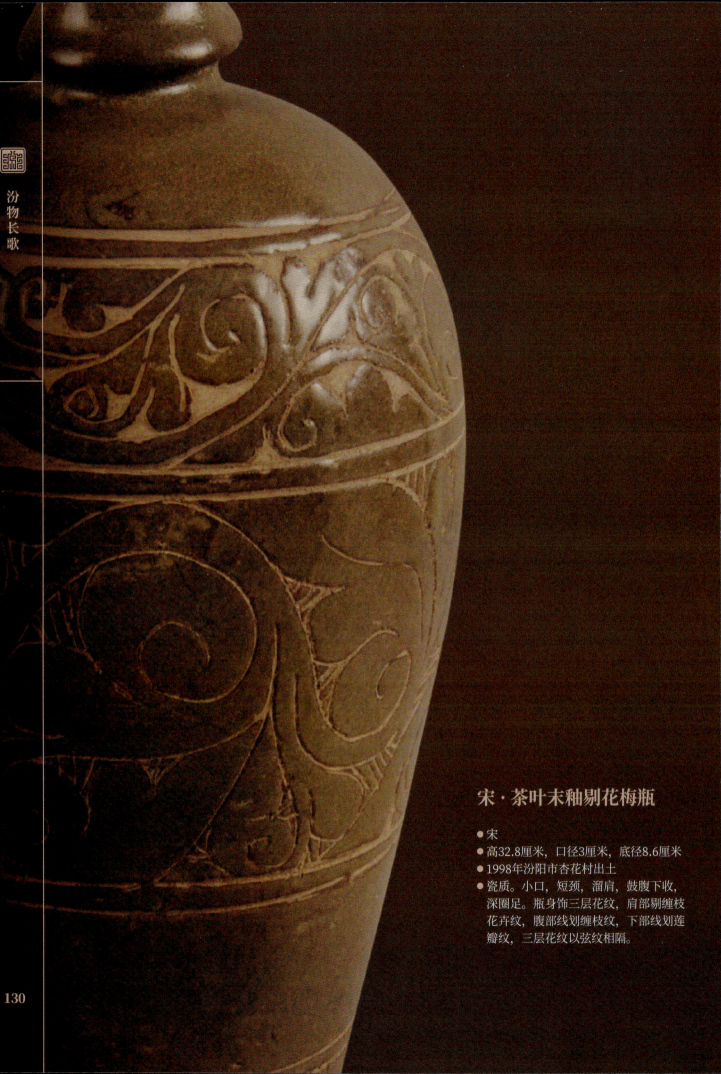

## 宋·茶叶末釉剔花梅瓶

- 宋
- 高32.8厘米，口径3厘米，底径8.6厘米
- 1998年汾阳市杏花村出土
- 瓷质。小口，短颈，溜肩，鼓腹下收，深圈足。瓶身饰三层花纹，肩部剔缠枝花卉纹，腹部线划缠枝纹，下部线划莲瓣纹，三层花纹以弦纹相隔。

### 宋·山水纹铜镜

- 宋
- 直径13厘米，厚0.3厘米
- 1989年汾阳市北偏城出土
- 铜质。圆钮，宽缘，凹背，背饰山水图。

### 宋·花叶纹铜镜

- 北宋
- 直径12厘米，厚0.3厘米
- 1990年山西医科大学汾阳学院出土
- 铜质。花口，圆钮，凹背，背饰花叶纹和连珠纹。

### 宋·牡丹花纹铜镜

- 宋
- 直径8厘米，厚0.2厘米
- 社会征集
- 铜质。圆形，圆钮，宽缘，凹背，镜背内设一道凸弦纹将镜背分为内外区，内区饰牡丹花纹，外区饰连珠纹。

## 金·缠枝牡丹纹花口铜镜

- 金
- 直径16厘米，厚0.5厘米
- 1990年山西医科大学汾阳学院出土
- 铜质。葵花口，缘微宽，镜背浅浮雕荷花纹、方格纹、缠枝牡丹纹，正中设桥形纽。

## 金·花卉纹铜镜

- 金
- 直径14.2厘米，厚0.5厘米
- 2001年汾阳市南关村出土
- 铜质。圆形，镜背宽缘，饰浅浮雕花鸟纹，正中设桥形纽。

## 金·双鱼纹铜镜

- 金
- 直径22厘米，厚0.5厘米
- 1988年原汾阳县木材公司后院出土
- 铜质。圆形，桥钮，宽缘，背凹，缘内浮雕双鱼戏水，镜面平整。

## 金·褐釉瓷梅瓶

- 金
- 高26厘米，口径6.8厘米，底径9.8厘米
- 汾阳市博物馆旧藏
- 瓷质。小口，卷沿，短颈，丰肩，斜腹，垫饼式圈足。通体施褐釉，砂底，肩部一周刮釉。

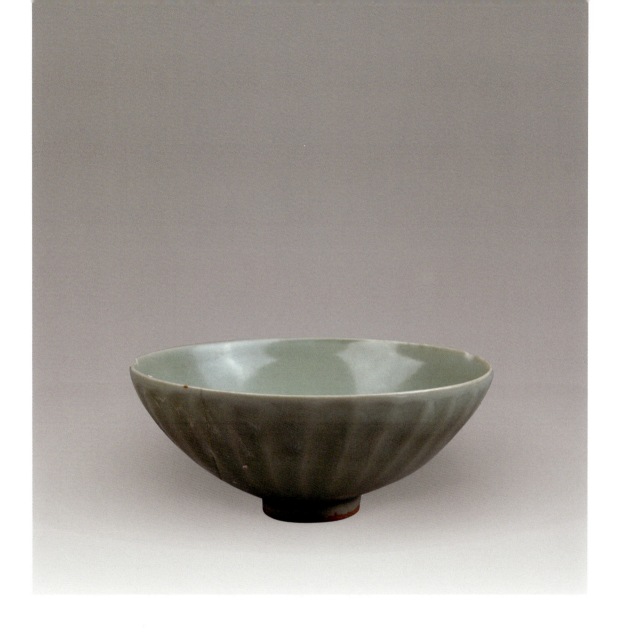

## 金·龙泉青釉莲瓣瓷碗

- 金
- 高7厘米，口径17厘米，底径4.5厘米
- 1988年原汾阳县木材公司后院出土
- 瓷质。口微敛，弧壁，圈足。外壁压莲瓣纹，通体施青釉，圈足沿露火石红。

## 金·故汾阳李公墓志

- 金天会十三年(1135年)
- 长41厘米，宽39厘米，厚9厘米
- 社会征集
- 青石质。正方形，无志盖。志正反两面均有文字，正面为志文，背面模刻苏东坡手书《别子由三首》之第二首。志文楷书，共18行，满行22字，共395字。墓主李立，北宋末隐士。该墓志书风娴雅，点画精详。墓志的出土证实了现今之汾阳在宋金时期即称汾阳。

- 【志文】
  故汾阳李公墓记
  　　表侄李天与撰
  　　公讳立，字孝先。其远祖本居河表，自高曾已来迁居汾川，世籍西河。讳遇者，公之曾祖也。讳贵者，公之祖。讳言者，公之父也。皆货彩帛为业。父乃三娶，崔氏、姚氏、苏氏。三男一女，男曰立、源、徽。女适许诚。公其长也。公事亲纯孝，治家有法，恬淡自怡，常诣禅院参请，尤好诗书。如五经四子，粗皆涉猎；讼庭之辩，终身不识。缘兵火后

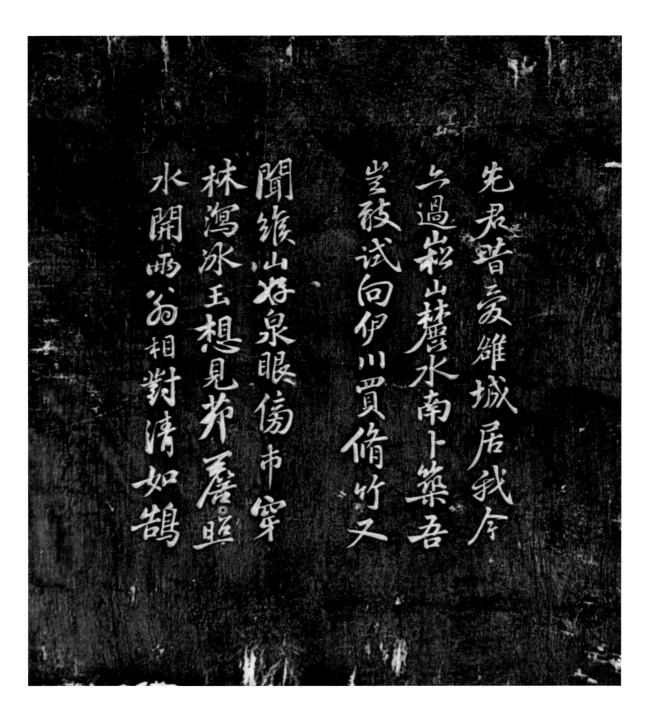

过于思虑，久缠风痹，去天会十二年十二月十五日，风气再作，俨然不救而亡，享年七十。公先二娶，皆任氏，俱亡。再娶刘氏。二男三女，长曰世珍，自幼好道术之事，云游东西，今尚未还。次曰世珪，深得父风，谨恪干蛊，略无少怠，乡人每每推重。长女适秦允而亡，次适魏澄，季女已许嫁，因兵火日同母任氏坠井而殁。孙男一人，在褓褓中未名。卜用次年孟春辛酉之吉，与二任氏合葬。公于城之西南隅，景云乡洪哲里祖茔之次，天与忝系微亲其孤。世珪请余为记，以告后世，余素不为文，备知表亲之详，乃记其实。世珪亲书于石，命工刊焉，以记其墓矣。

公次室任氏，贤淑温克，事舅姑得妇道，教二子得母道，不分继嫡，能和亲属。生一男世珪，二女一适魏澄，一坠井者。

张萃刊

● 【碑阴】

先君昔爱洛城居，我今亦过嵩山麓。水南卜筑吾岂敢，试向伊川买修竹。又闻缑山好泉眼，傍市穿林泻冰玉。想见茅檐照水开，两翁相对清如鹄。

## 金·铁红釉瓷碗

- 金
- 高5.3厘米，口径15.1厘米，底径5.1厘米
- 汾阳市博物馆旧藏
- 瓷质。直口，弧腹下收，圈足，足内有鸡心突。碗内外施铁红色釉，外壁施釉不到底，内壁有兔毫纹。

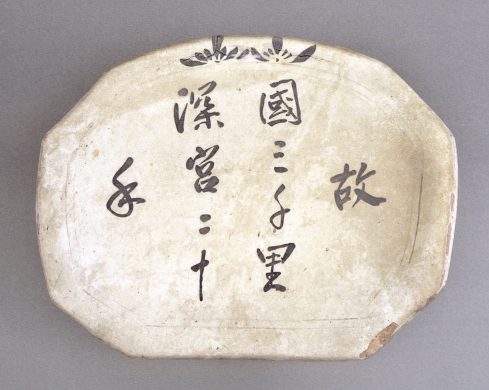

## 金·白釉诗文腰圆形瓷枕

- 金
- 高13.2厘米，长28厘米，宽22.2厘米
- 社会征集
- 枕整体呈腰圆形，前低后高，平底。通体施白釉，枕面褐彩行书"故国三千里，深宫二十年"。

## 金·绿釉刻花瓷枕

- 金
- 高13.5厘米，长32.5厘米，宽22厘米
- 2008年汾阳市东龙观村出土
- 瓷质。枕呈腰圆形，前低后高，斜直腹，平底。通体施绿釉，枕面中部刻荷花，周边刻荷叶。

## 金 · 黄釉印花花卉纹瓷碟

● 金
● 高3.3厘米，口径14.8厘米，底径7.5厘米
● 社会征集
● 瓷质。直口，弧腹下收，矮圈足，足内起
  鸡心突。碟内底部印牡丹花纹，通体施黄
  釉，外腹施釉不到底，底无釉。

## 金·花鸟纹陶枕

● 金
● 高12.8厘米，长22.5厘米，宽11.3厘米
● 汾阳市博物馆旧藏
● 泥质灰陶。枕呈半圆柱形，前低后高，
  平底。枕壁满刻鸳鸯戏水和荷花图案。

## 金·绞胎瓷盘

- 金
- 高2.3厘米，口径18.3厘米，底径13.3厘米
- 1998年汾阳市杏花村出土
- 瓷质。曲沿，平底。胎体用白、褐两种胎泥揉绞而成。通体罩透明釉。

## 金·绞胎瓷碗

- 金
- 高4.2厘米，口径9.5厘米，底径3.3厘米
- 1992年汾阳市杏花村出土
- 瓷质。敞口，弧腹，圈足。胎体用白色
  和褐色两种胎泥揉绞而成。通体罩透明
  釉，圈足沿无釉。

## 金·黑釉腰形瓷枕

- 金
- 高13厘米，长29.3厘米，宽25厘米
- 1992年汾阳市杏花村出土
- 瓷质。枕整体呈腰圆形，前低后高，平底。通体施黑釉，釉不到底。枕面有铁锈红斑，枕底有两气孔。

### 金·兔毫纹瓷碗

- 金
- 高5.5厘米，口径12.6厘米，底径4.2厘米
- 1992年汾阳市杏花村出土
- 瓷质。口微敛，弧壁下收，圈足。通体呈
  现窑变红褐彩兔毫纹。

## 金·黑釉浮雕瑞兽纹瓷扁执壶

- 金
- 高28.7厘米，口径2.6厘米，底径7.8×4.5厘米
- 汾阳市博物馆旧藏
- 瓷质。壶整体呈扁葫芦状，小直口，束腰较高，设象首执、龙形流，底足长方形。上下腹两面分别浮雕龙凤、麒麟和虎，底足两侧浮雕卧狮纹。通体施黑釉。

## 金·黑釉剔花长颈瓷瓶

● 金
● 高27.9厘米，口径8.2厘米，底径7.6厘米
● 社会征集
● 瓷质。撇口，长直颈，溜肩，垂腹，圈足。
  腹部上层为缠枝牡丹纹，下层为卷叶纹，
  均为线刻轮廓，然后剔成。通体施黑釉，
  圈足内及底边无釉。

# 金·白釉弦纹盘口瓷瓶

- 金
- 高16厘米，口径8.3厘米，底径5厘米
- 2001年汾阳市小向善村出土
- 瓷质。盘口，直颈，溜肩，鼓腹，圈足。
  颈部有数道凹凸弦纹，通体施白釉。

## 金·绿釉刻花瓷枕

- 金
- 高22厘米，长28厘米，宽21.5厘米
- 2008年汾阳市东龙观村出土
- 瓷质。枕呈腰圆形，前低后高，平底。通体施绿釉，枕面刻牡丹花纹，枕底无釉。

## 金·绿釉剔花虎头瓷枕

- 金
- 高25厘米，长28厘米，宽18.7厘米
- 2012年汾阳市英雄南路出土
- 瓷质。枕面覆于伏虎之上，微凹，其上剔刻牡丹花纹。虎造型夸张，头大身小，头部刻画细腻，褐色眼珠，隆鼻，露齿，两足前伸。通体除虎足施白釉外，皆施绿釉。

## 金·镂空座塔式陶罐

- 金
- 通高68厘米，底径32.5厘米
- 社会征集
- 泥质灰陶。器物由盖、罐和底座组成。盖为塔刹式，
  与罐扣合。罐溜肩，鼓腹下收，平底，肩部堆塑四铺
  首衔环，罐底嵌入底座。底座腰部紧束，腰以上呈碗
  状托，其表堆塑四铺首，腰之下为喇叭形圈足，其上
  设几何形镂空图案。

## 金·泽州路家澄泥抄手砚

● 金
● 长17.6厘米，宽11厘米，厚2.5厘米
● 2008年汾阳市东龙观村出土
● 泥质抄手砚。砚面为长方形，中为椭圆形砚
　池，砚背凹槽内有印章，印文阳刻"泽州路
　家""丹粉罗土""澄泥砚记"。该砚雅致大
　方，用料足，打磨细致。

## 金·人物花卉纹带座石棺

● 金

● 通高85厘米，长87厘米，座宽49.5厘米

● 汾阳市博物馆旧藏

● 青石质。由盖、邦、档、底组成。盖顶呈弓形，
设凸棱纹三条，盖两侧线刻云纹，盖前端作
尖拱状凸起，其上线刻缠枝牡丹纹。邦左右
两侧均刻三人物，着金人服饰，作舞蹈姿态。
前档雕刻双合大门，门前浮雕一侍女，着金
人长衣，肃立平视。大门左右各雕刻一僧人，
造型生动别致。

## 金·白釉高足杯

● 金
● 高7.7厘米，口径10.8厘米，底径3.5厘米
● 2018年汾阳市西门村出土
● 瓷质。口微侈，弧壁，高圈足外撇。杯外壁有切削形成的弦纹。杯内外施白釉，圈足无釉。

# 元·黑釉瓷酒坛

● 元
● 高33.51厘米，口径6.5厘米，底径11.5厘米
● 汾阳市博物馆旧藏
● 瓷质。小口，短颈，溜肩，鼓腹下收，假圈足。
  颈中部有一道凸弦纹。通体施黑釉。

## 元·白釉褐花高足杯

- 元
- 高11.6厘米，口径11.2厘米，底径4.3厘米
- 2018年汾阳市西门村出土
- 瓷质。撇口，弧壁，高圈足，圈足外撇。
  杯内外施白釉，外壁腹部上下饰褐彩弦带，
  腹中部饰褐彩花叶纹。

## 元·黑釉窑变紫斑瓷碗

- 元
- 高7厘米，口径16厘米，底径5.5厘米
- 汾阳市博物馆旧藏
- 瓷质。直口，弧壁，圈足，足底外撇，圈足内有鸡心。外壁施釉不到底，有垂釉现象，碗内壁有窑变紫斑。

## 元·白釉褐花梅瓶

- 元延祐七年（1320年）
- 高31.5厘米，口径4厘米，底径17厘米
- 2001年汾阳市南关村出土
- 瓷质。小口，平沿，短颈，丰肩，鼓腹，圈足。通体施白釉，施釉不到底。瓶身有三周褐彩双弦纹，并在肩、腹部绘褐彩花叶纹。足底墨书"延祐七年"等字。

## 元·天青釉开片纹瓷碟

- 元
- 高3厘米·口径12.5厘米·底径6厘米
- 2005年山西医科大学汾阳学院出土
- 瓷质。敞口, 折沿, 弧腹, 圈足。
  通体施天青釉, 釉面密布开片纹,
  足底无釉。

## 元·钧窑豆青釉瓷碗

- 元
- 高7厘米，口径16.3厘米，底径5.7厘米
- 2006年汾阳市西门村出土
- 瓷质。直口，鼓腹，小圈足。内外壁施豆青釉，口沿为橘红色釉，足底无釉。

## 元·钧窑蓝釉大碗

- 元统二年（1334年）
- 高7.7厘米，口径18.5厘米，底径6.5厘米
- 1988年原汾阳县木材公司后院出土
- 瓷质。直口，斜弧壁，圈足，足底外撇，圈足内有鸡心。碗内外壁施蓝釉，外壁施釉不到底，靠近圈足处墨书"元统二年四月初十日壹酒许六"，圈足内墨书"许"字。

## 元·钧窑天青釉瓷碗

- 元
- 高9厘米·口径20厘米·底径6厘米
- 2006年汾阳市西门村出土
- 瓷质。直口，斜腹，圈足。内外壁施天青釉，碗内壁有一块紫斑变釉，圈足无釉。

## 元·龙泉窑豆青釉印花双鱼纹瓷碟

- 元
- 高3.4厘米，口径12.5厘米，底径6厘米
- 2005年山西医科大学汾阳学院出土
- 瓷质。敞口，折沿，弧腹，圈足。外壁有莲瓣纹，
  内底模刻双鱼纹。

## 元·白釉柳条篓式瓷盖罐

- 元
- 通高14.3厘米，口径5.7×3.8厘米，底径6.9×4.8厘米
- 汾阳市博物馆旧藏
- 瓷质。罐呈带盖扁篓状，盖口两侧各置一系，罐平沿，溜肩，鼓腹，平底，肩部两侧各置一系。罐通体施白釉，底无釉。

## 元·黑釉玉壶春瓷瓶

- 元
- 高28厘米，口径7.7厘米，腹径15.7厘米，底径9厘米
- 2018年汾阳市北门村出土
- 瓷质。小口外撇，长颈，垂腹，圈足。通体施黑釉。

【明·清】

明月清风

MOON AND BREEZE

明清时期，汾州府是山西省九府十六州的大府之一，属于三晋政治、经济、文化次中心。明代采取"分藩定国"的政治制度，明初朱元璋嫡孙庆成王、永和王就国汾州。藩室人口的增加获得人口红利的迅速累积，带动了地域文化的快速发展，对汾阳经济、文化、风俗及社会习惯均产生了深远影响。

晋商从明代开始崛起，到清代发展到鼎盛。汾商主营皮货、汾酒、食盐、茶叶、票号、典当等生意。汾阳商人精明而勤勉，又有秦晋通衢的地理优势，逐渐形成以血缘宗族、同乡情谊、行业信义为纽带联系而成的跨区域大商帮。

During the Ming and Qing Dynasties, Fenzhou Prefecture was one of the major administrative divisions among Shanxi's nine prefectures and sixteen sub-prefectures, serving as a secondary political, economic, and cultural center in the region. In the early Ming Dynasty, under the political system of "feudal enfeoffment", Zhu Yuanzhang's grandsons, Prince of Qingcheng and Prince of Yonghe were enfeoffed in Fenzhou. The growing population of the princely family led to a rapid accumulation of demographic advantages, which spurred the rapid development of local culture and had a lasting impact on Fenyang's economy, culture, customs, and social practices. The rise of Shanxi merchants began in the Ming Dynasty and peaked during the Qing Dynasty. Among them, Fenyang merchants primarily dealt in fur, Fenjiu liquor, salt, tea, banking, and pawn services. With sharp business acumen and diligence, they leveraged Fenyang's advantageous strategic routes linking the Qin and Jin regions, forming large cross-regional commercial networks bound by kinship, hometown ties, and trade integrity.

## 明·绿釉瓷壶

- 明
- 高38厘米，口径10厘米，底径13厘米
- 汾阳市博物馆旧藏
- 瓷质。侈口，卷沿，短颈，丰肩，鼓腹，平底。颈根部设一道凸弦纹。通体施绿釉，砂底。

# 明·青花缠枝纹瓷碗

- 明
- 高6.8厘米，口径15厘米，底径6厘米
- 社会征集
- 瓷质。撇口，弧腹，圈足。碗内外壁饰青花卷草纹、如意纹等，底部饰两周弦纹。

## 明·三彩浮雕梅花纹瓷杯

- 明
- 高9.5厘米，口径19.2厘米
- 汾阳市博物馆旧藏
- 瓷质。花口外折，斜腹，三蹄足。腹与足外表浮雕有仙桃、折枝梅纹饰，使器型更显生动有趣。通体为窑变釉，绿、蓝、白三色相互交融，为器物平添了灵动之感。

## 明·粉彩龙纹瓷碗

- 明
- 高7.2厘米，口径15.7厘米，底径6厘米
- 汾阳市博物馆旧藏
- 瓷质。侈口，弧腹，圈足。通体施白釉，口沿内外、底部内外皆饰双圈红弦纹。碗底内部弦纹内与碗壁外表均以红、绿、黄三色绘飞龙、火焰、海水芽等纹饰。圈足内朱书"寿"字。

### 明·豆青釉暗刻花纹瓷碗

- 明
- 高5.8厘米，口径16.3厘米，底径10厘米
- 社会征集
- 瓷质。唇沿，口微侈，弧壁下收，圈足。通体施豆青釉。

## 明·青花石榴纹瓜棱瓷罐

- 明
- 高12.5厘米，口径6.2厘米，底径9厘米
- 汾阳市博物馆旧藏
- 瓷质。花口，短颈，丰肩，瓜棱鼓腹，圈足。
  通体白地青花，腹部饰石榴纹，肩部和下腹部
  饰尖叶纹，靠近圈足处饰两道弦纹。

## 明·白釉褐花"怕穷休浪荡"瓷酒坛

- 明
- 高67.7厘米，口径21厘米，底径25厘米
- 社会征集
- 瓷质。直口，唇沿，短颈，溜肩，鼓腹下收，平底。通体施白釉，肩部绘褐彩卷草纹，并书"怕穷休浪荡，爱富莫闲游"。颈部和肩腹部之间绘褐彩弦纹及波浪纹，腹部绘卷草纹。

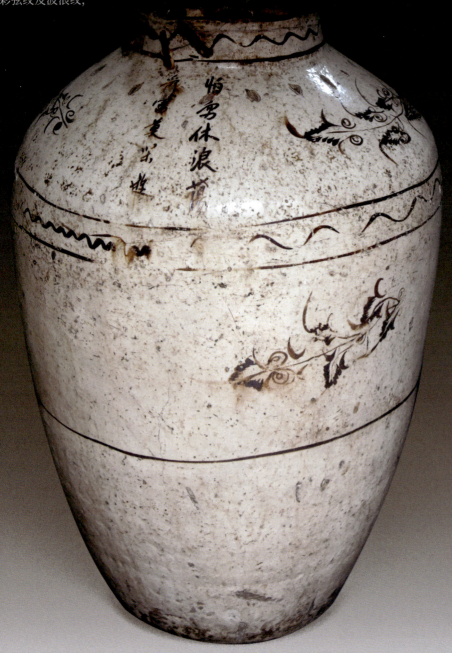

## 明·钧窑豆青釉瓷碗

- 明
- 高10厘米，口径21厘米，底径7厘米
- 社会征集
- 瓷质。口微敛，唇沿，斜腹，圈足。通体施豆青釉，满布冰裂纹，圈足无釉。

## 明·龙泉窑青瓷人物故事瓷碗

- 明
- 高9.9厘米，口径17.3厘米，底径9.8厘米
- 2023年汾阳市杏花村镇小相寨村出土
- 瓷质。唇沿，直口，弧壁下收，圈足较高。通体施青绿釉，碗内饰印花人物，为戏曲《琵琶记》故事，并有"牛氏、相公、弥寺、真"等文字，主要讲述蔡邕与赵五娘的爱情故事。外壁口沿处有连续回纹装饰。

## 明·青花缠枝花卉纹瓷碗

● 明
● 高5.5厘米，口径16厘米，径6厘米
● 2018年汾阳市北门村出土
● 瓷质。敞口，弧壁，圈足。碗内外饰青花缠枝花卉纹。

# 明·青花寿字纹瓷碗

- 明
- 高5.4厘米，口径14.4厘米，底径6.4厘米
- 2018年汾阳市北门村出土
- 瓷质。敞口，弧壁下收，圈足。碗内外壁施白釉，内壁口沿绘蓝釉几何纹带，底部饰两周蓝釉弦纹，内以蓝釉隶书"寿"字。

## 明·绿釉仪仗陶俑

- 明
- 高22—24厘米,底座宽6.2—6.5厘米
- 社会征集
- 低温釉陶。该仪仗俑一套13件,有抬轿俑、鼓乐俑及护卫俑等。东周之后,人殉制度逐渐被陶俑所替代。明代陶俑发现较少,仅见于王公贵族墓。该套文物对于研究明代早期服饰特点及丧葬制度有重要意义。

## 明·三彩琉璃神龛

- 明
- 高58厘米，宽37.5厘米
- 原存汾阳市狄公庙
- 琉璃质。神龛呈仿木结构，面宽一间，前设插廊，檐枋之上设五踩斗棋，廊柱上卷蟠龙，龛内设狄青坐像，通体施黄、绿、蓝三彩釉。狄公庙，位于鼓楼西街北侧，始建年代不详，明代重修，20 世纪 50 年代拆毁。

## 明·三彩陶俑

- 明
- 男仕俑高36.7厘米，女仕俑高31厘米
- 社会征集
- 低温釉陶。该陶俑共两件，男、女侍俑各一件，均为站姿。造型简约而生动，神情自然，制作手法娴熟，具有典型的明代三彩特征。明代三彩源于唐宋三彩，由山西的珐华彩演化而来，色彩以黄、绿、黑为主。

# 明·三彩琉璃狮

● 明
● 高43厘米，长44厘米
● 汾阳市博物馆旧藏
● 琉璃质。该狮为站姿，扬头，翘尾，凸眼，翘鼻，螺髻，合嘴露齿，项戴铃铛，背置鞍具。通身施黄、绿、蓝三彩釉。

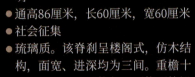

## 明·琉璃脊刹

- 明
- 通高86厘米，长60厘米，宽60厘米
- 社会征集
- 琉璃质。该脊刹呈楼阁式，仿木结构，面宽、进深均为三间。重檐十字歇山顶，上层檐与下层檐下皆设斗拱。通体施绿彩和明黄彩。

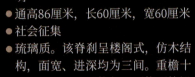

# 明·三彩琉璃对瓶

- 明
- 高73厘米，口径7厘米，底径24厘米
- 汾阳市博物馆旧藏
- 对瓶为琉璃质。花叶口外撇，细长颈，球腹，喇叭形高足，足沿外卷。颈部两侧附黄釉螭龙耳挂环，腹部开光处饰黄釉蛟龙及黄绿釉山水纹，其余部分施绿釉。

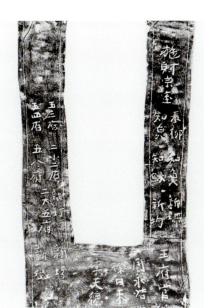

## 明·附耳兽蹄足铜香炉

● 明嘉靖四十年（1561年）

● 高94.2厘米，口径66厘米

● 汾阳市博物馆旧藏

● 铜质。器型硕大，高口沿外撇，束颈，鼓腹，圈底，三兽足。两耳附于颈腹间，口沿外线刻缠枝莲纹，颈部线刻折枝花卉，并铸铭"嘉靖四十年玖月初柒日下火"。一耳刻铭"庆成王府奉国将军来搞施财纠首李进富、高建佐、金世凤、赵景禄造"。另一耳刻铭"施财宗室：表柳、知兔、新堽、知臬、知鲱、新均。王府官、周永炷、徐自东、李天德。五三府、二小二府、新圩、五四府、五八府、二大五府、新坞、新墟"。

### 明·观音菩萨铜坐像

- 明
- 高42.3厘米，长23.5厘米，宽18.3厘米
- 汾阳市博物馆旧藏
- 铜质。菩萨结跏趺坐于须弥座上，头戴五佛冠，耳饰法轮，胸前饰璎珞，宝瓶、宝珠分别置于两膀外侧，帔帛环绕并垂于座上，手施说法印。

## 明·鎏金菩萨铜坐像

- 明
- 高45.5厘米，宽15厘米
- 汾阳市太符观移交
- 铜质。菩萨结跏趺坐于仰覆莲须弥座上，
  头戴五佛冠，宽额柳眉，善目微睁，高鼻
  秀口，两耳下垂，身着通肩大衣，下穿罗
  裙。手施说法印，通体漆金。

## 明·释迦牟尼铁坐像

- 明
- 高25厘米，肩宽11.3厘米
- 社会征集
- 铁质。结跏趺坐于仰覆莲须弥座上，高髻，螺发，面部端庄，袒右肩式大衣，双手施禅定印。

## 明·释迦牟尼木坐像

- 明
- 高43厘米，宽18.3厘米
- 汾阳市博物馆旧藏
- 木质。结跏趺坐于仰覆莲须弥
  座上，螺发，高髻，髻上饰宝
  珠，面部端庄，身着通肩大衣
  并裙衣。

### 明·漆金观音木坐像

- 明
- 高68厘米，宽45厘米
- 社会征集
- 木质。自在坐姿，头部微倾，呈沉思状。头戴软冠，露发髻，身着通肩大衣并裙衣。通体鎏金罩漆，雕工细致，线条流畅。

## 明·关公铁像

● 明
● 高28厘米，宽13.7厘米
● 社会征集
● 铁质。坐姿，头戴包巾，身着铠甲，足蹬云靴，面部呈威严之势。

## 明·黄花梨木雕龙纹架子床

- 明
- 通高224厘米，长268厘米，宽135厘米
- 2002年汾阳市公安局移交
- 海南黄花梨木质。该床由床座、立柱、围栏、枨木、挂檐和顶盖等组成。围栏和挂檐作透雕云龙纹，壶门式床座线条精细优美，饰浮雕螭龙纹。

## 清·豆青釉青花五福纹瓷盖罐

- 清
- 均通高23厘米，底径9.9厘米
- 社会征集
- 瓷质。子母口，短颈，丰肩，球腹下收，圈足。盖面隆起，盖顶饰青花蝴蝶纹。罐肩部饰一周青花如意云纹，上腹部饰五个青花福字纹。通体施豆青釉，底部有青花篆书"大清乾隆年制"六字款。

## 清·青釉灯笼瓷罐

● 清
● 左图：高23.6厘米，口径16厘米，底径20.5厘米
● 右图：高24厘米，口径16厘米，底径20厘米
● 汾阳市博物馆旧藏
● 瓷质。直口，短颈，丰肩，鼓腹下收，圈足。腹壁纵向
  密布凸棱纹，呈灯笼状。罐外壁施青釉，足底不施釉。

## 清·白釉开片梅花纹洗口双耳瓷撢瓶

- 清
- 高59厘米，口径15厘米，底径19.5厘米
- 汾阳市博物馆旧藏
- 瓷质。洗口，长颈微束，圆鼓腹下收，假圈足较高。
  颈与腹之间有紫红色圆鼓状凸棱，其上线刻梅竹飞蝶
  图案。颈部两侧设折枝梅状双耳，洗口边作紫口。通
  体施白釉泛青，有大开片，底印"成化年制"寄托款。

## 清·青花缠枝花卉纹瓷天球瓶

- 清
- 高38.5厘米，口径8.2厘米，底径12.5厘米
- 汾阳市博物馆旧藏
- 瓷质。直口，长颈，溜肩，鼓腹，圈足。胎质细腻，通体施白釉，足沿无釉，口沿处饰席斜方格纹，腹下部饰两道弦纹，瓶身饰青花缠枝花草纹。

## 清·五彩带盖瓷罐

- 清
- 通高11厘米，口径4厘米，底径4.8厘米
- 社会征集
- 瓷质。子母口，丰肩，鼓腹，圈足。伞形
  盖，球形钮。通体饰红、绿、蓝、黄、白
  五种釉色。

## 清·青花缠枝花卉纹瓷将军罐

- 清
- 通高40厘米、口径13.8厘米，底径17.6厘米
- 汾阳市博物馆旧藏
- 瓷质。罐盖为将军盔式，桃形钮，子母口。罐直颈，圆唇，丰肩，斜腹，下腹部外撇，二层台底圈足。通体施白釉，盖面有青花缠枝纹，罐身通体绘缠枝花卉纹。圈足底施白釉，饰双蓝圈，圈内绘青花蕉叶纹。

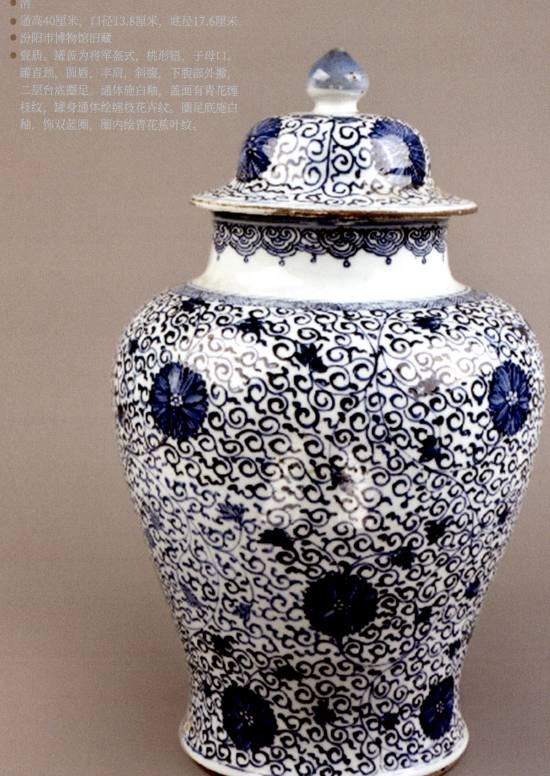

# 清·霁蓝釉诗文描金六角双耳瓷瓶

- 清
- 高40厘米，口径15厘米，底径15.5厘米
- 社会征集
- 瓷质。该瓶平面呈六边形，撇口，折沿，束颈，溜肩，鼓腹下收，高足外撇，颈部有一对珊瑚状耳。通体施霁蓝釉，诗文描金。

## 清·霁蓝釉瓷掸瓶

● 清
● 高65.4厘米，口径23厘米，底径16.4厘米
● 汾阳市博物馆旧藏
● 瓷质。喇叭口，长束颈，溜肩，鼓腹，矮
　圈足。瓶外通体施霁蓝釉，瓶内、圈足底
　施白釉，底边无釉。

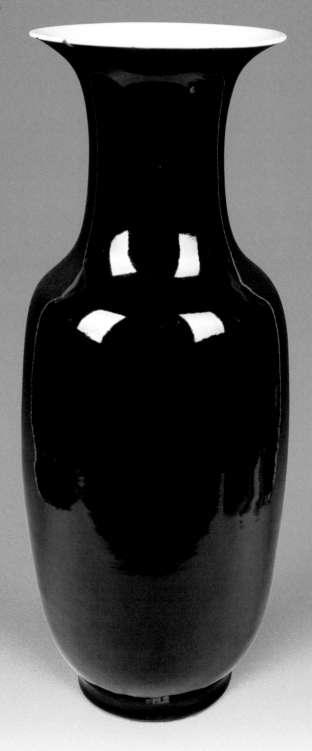

## 清·豇豆红瓷笔洗

- 清
- 高5.5厘米，口径10厘米，底径7.5厘米
- 社会征集
- 瓷质。唇沿，敛口，鼓腹，圈足。器内及口沿施青白釉，腹部施豇豆红釉，底足内施青白釉，并有楷书"乾隆年制"款。

## 清·哥釉狮头耳盘口瓷瓶

- 清
- 高39厘米，口径20.7厘米，底径15.7厘米
- 社会征集
- 瓷质，盘口，束颈，鼓腹，假圈足。通体施青釉，釉面金丝铁线开片，足底无釉。口沿、腹上部、足部堆塑褐色装饰纹带，颈部附褐色狮首双耳。

## 清·青花二龙戏珠瓷笔筒

- ●清
- ●高13.7厘米，口径18.3厘米，底径18厘米
- ●1995年汾阳市财政局移交
- ●瓷质。直口，筒腹，玉璧底。通体施白釉，
  外表绘青花二龙戏珠及云纹、火焰纹。

## 清·霁蓝釉瓷花觚

- 清
- 高36厘米，口径22.5厘米，底径16.5厘米
- 社会征集
- 瓷质。喇叭形口，长颈，鼓腹，高圈足，圈足外撇。
  通体施霁蓝釉，内施白釉，底部无釉露胎。

## 清·青釉开片瓷盘

- 清
- 高6厘米·口径27.7厘米·底径17厘米
- 社会征集
- 瓷质。唇沿，敞口，弧壁，圈足。通体施青釉，
  密布开片，足沿露胎，显火石红。

## 清·霁蓝釉瓷碗

- 清
- 高5.5厘米，口径17.5厘米，底径6厘米
- 社会征集
- 瓷质。敞口，圆唇，弧腹，圈足。腹外壁
  施霁蓝釉，内壁施什锦绿釉，圈足内施白
  釉并有青花篆书"大清乾隆年制"款。

## 清·霁红釉观音尊

- 清
- 高33厘米，口径10.5厘米，底径12.8厘米
- 汾阳市博物馆旧藏
- 瓷质。口微撇，圆唇，直颈，丰肩，曲腹，足外撇，二层台底。通体施霁红釉，红釉层次从底向上渐淡，有冰裂开片，腹内与底施白釉。

## 清·德化窑白釉瓷酒杯

- 清
- 高6厘米，口径10厘米、底径3.8厘米
- 社会征集
- 瓷质。花叶状口，曲腹，圈足。腹外壁堆塑鹿、松树、梅花，通体施白釉。

## 清·哥釉小瓷罐

- 清
- 高5.5厘米，口径3厘米，底径3.2厘米
- 社会征集
- 瓷质。撇口，束颈，圆腹，圈足。口沿施酱釉，其余部位皆施青釉，釉面呈冰裂纹开片。

## 清·德化窑白釉送子观音瓷造像

● 清
● 高37.5厘米，座宽11厘米
● 汾阳市博物馆旧藏
● 瓷质。观音半跏趺倚坐，面相丰满，双目微睁，
  发髻高挽，头戴风帽，胸佩璎珞，身着通肩大衣，
  双手抱童子于膝上。右侧置净瓶，左置经卷，座
  下两侧分别立善财和龙女，足下伏卧双龙。通体
  施白釉。

## 清·漆金供养人木坐像

- 清
- 高38.5厘米，座宽20.5厘米
- 汾阳市博物馆旧藏
- 木质。人像善跏趺坐，头挽高髻，戴巾帻，面目端庄，头微前倾，二目微睁，双耳下垂，身着圆领宽袖宫服，腰系罗裙，脚蹬云头靴。通体漆金。

## 清·莲蓬螃蟹纹石磬

- 清
- 长28厘米，厚2厘米
- 汾阳市博物馆旧藏
- 黑石质。荷叶形，双面线刻莲蓬、螃蟹，有铜挂环。

# 清·紫砂帽筒

- 清
- 高31厘米，口径12厘米，底径12厘米
- 汾阳市博物馆旧藏
- 紫砂器。敞口，筒状，深腹，平底。腹部饰树皮纹，镌刻"纷披草树"四字。

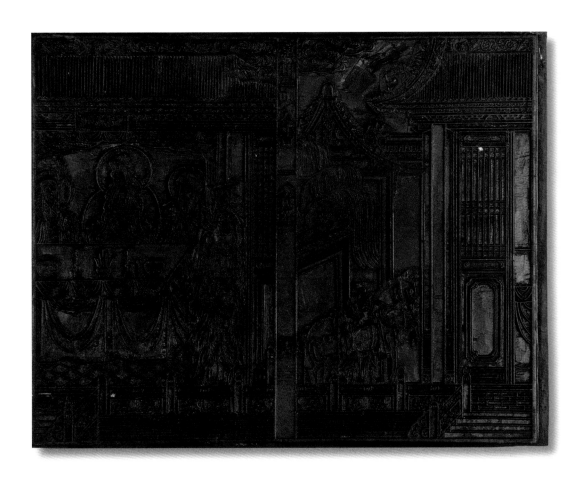

## 清·《万世福人书》插图雕版

- 清
- 长26厘米，宽20.5厘米
- 汾阳市博物馆旧藏
- 木质雕版。该雕版为一套(99块)，尺寸统一，皆为长方形，其中有文字、插图。图中所呈为《万世福人书》之标题与插图雕版。标题雕版中部纵向阳刻宋体"万世福人书"，两侧刻小字。插图雕版满刻殿堂、人物，中缝刻宋体"万世福人书"。

### 清·橘红釉人物开光茶叶罐

- 清
- 通高31厘米，腹径9厘米，底径14厘米
- 社会征集
- 瓷质。枣核纽盖，子母口，圆肩，鼓腹下
  收，底内凹。通体施橘红釉，上有描金花
  卉，两侧开光内绘粉彩五子登科人物。

# 清·仿明宣德铜炉

- 清
- 高5.4厘米，口径11.4厘米，底径11厘米
- 社会征集
- 铜质。平面呈椭圆形，直口，外折沿，短颈，折肩，直腹，平底，四柱足。腹两侧有兽头耳，底刻"大明宣德年制"楷书方章。

## 清·欧式六柱形建筑珐琅摆钟

- 清
- 通高42厘米，座宽26厘米
- 1988年汾阳市公安局移交
- 六柱形建筑摆钟，欧式风格，圆形表盘，罗马数字标时，通体鎏金并以珐琅工艺装饰。

## 清·青花山水人物楼阁纹瓷瓶

- 清
- 高51厘米，口径18厘米，底径13厘米
- 汾阳市博物馆旧藏
- 瓷质。喇叭口，长颈微束，鼓腹下收，圈足。通体施白釉，饰青花山水、楼台和人物。

## 清·哥釉龙耳盘口瓷瓶

- 清
- 高40厘米，口径19厘米，底径15厘米
- 社会征集
- 瓷质。盘口，束颈，溜肩，鼓腹，圈足，
  颈部设螭龙双耳。通体施青釉，釉面密布开片。

## 清·墨竹图立轴

- 清
- 长176.5厘米，宽68厘米
- 汾阳市博物馆旧藏
- 诸昇，清朝人，字日如，号曦庵，浙江仁和（今杭州）人，擅长绘兰花和竹石，尤其擅长画雪竹。该画为绢本，右下角画山石小溪，临溪墨竹数竿，挺拔清劲。右上首诸昇题款，字下面钤白文"诸昇之印"和朱文"曦庵"印款。

## 清·曹学闵曾祖父母诰命册

- 清乾隆四十二年(1777年)
- 长34.5厘米，宽22厘米
- 社会征集
- 纸本，共25页。汾阳太平村曹氏家族，一门四进士，三代翰林，成为中国科举史上的传奇。曹学闵，字孝如，号慕堂，乾隆十七年(1752年)进士，历任翰林检讨、监察御史、给事中、太仆少卿、内阁侍读学士、宗人府丞。该文物为乾隆四十二年(1777年)因曹学闵做事勤勉，乾隆帝授予其曾祖曹复琦太仆寺少卿加一级荣衔之诰命册。

## 清·风竹图立轴

● 清
● 长108厘米，宽51.5厘米
● 汾阳市博物馆旧藏
● 该画作者不详，绢本，纸裱，立轴。画中绘风中墨竹一枝，枝疏叶茂，摇曳多姿，旁有山石。笔墨苍润洒脱，水墨淋漓，生意盎然，有元代吴镇笔意。

# 薄暮朦胧

## VEILED DUSK

【民国至新中国成立时期】

　　如果一座城市是有性格的，那么汾阳的性格一定是中西汇聚，包容开放。1885—1936年美国公理会在汾阳设立教会和医院等公益机构，促进了地域文化、科技、医疗和教育的快速发展。中西文化交流也蓬勃发展。1934年梁思成、林徽因等人在汾阳考察古建筑，留下了对晋汾山河丰富文化遗产的眷恋文字与影像。

　　汾阳，历史底蕴深厚，民俗文化独特，成为无数中外人士难忘的热土，他们在此用生命找到了答案，用承诺寻回了故乡。

If a city has a character, Fenyang's is undoubtedly one of inclusiveness and openness, blending Eastern and Western influences. From 1885 to 1936, the Congregational Church of America established churches and hospitals in Fenyang, significantly fostering local culture, technology, healthcare, and education. The exchange between Eastern and Western cultures also flourished during this time. In 1934, Liang Sicheng, Lin Huiyin, and others conducted studies on ancient architecture in Fenyang, leaving behind texts and images that reflect their deep appreciation for the region's rich cultural heritage.

With its deep historical roots and unique folk culture, Fenyang has become an unforgettable place for countless people from both China and abroad. Here, they found answers through their life experiences and reclaimed a sense of home through their commitments.

## 民国·"秦晋良缘"木雕镶银摆件

- ●民国
- ●高36.5厘米，宽28.5厘米，厚14.3厘米
- ●社会征集
- ●木质。镂空透雕缠枝莲，中间镶嵌银饰件，有"秦晋良缘"字样及汾商"保大长""利茂斋""中义兴"等11家字号名称，是研究民国晋商的珍贵资料。摆件下设木座，外罩玻璃。

## 民国·"杏花村汾酒"黑釉瓷酒坛

● 民国
● 高22厘米，口径3.4厘米，底径13厘米
● 社会征集
● 瓷质。小口，短颈，折肩，桶腹，环形
　足。通体施黑釉，肩部设小开光，露白
　胎，其上墨书"杏花村汾酒"。

# 民国·提梁紫砂壶

- 民国
- 通高16.5厘米，口径8.5厘米，底径8.4厘米
- 社会征集
- 紫砂器。盘形盖，与壶扣合。壶直口，平沿，短颈，圆腹，平底，鹅颈流，双提梁，口沿及流管嵌铜。

## 民国·"义泉泳"黑釉瓷酒坛

- 民国
- 高20厘米，口径3厘米，底径11.5厘米
- 社会征集
- 瓷质。1915年汾酒荣获巴拿马国际博览会甲等金质大奖章，山西督军阎锡山欣闻，为汾酒亲书牌匾"味重西凉"。该酒坛为纪念这一盛况特制，下面小字为"一等加给义泉泳"。

## 民国·"德厚成"黑釉瓷酒坛

- 民国
- 高17.7厘米，口径3.5厘米，底径12.7厘米
- 社会征集
- 瓷质。小口，束颈，丰肩，桶腹，环形足。通体施黑釉，肩部设小开光，露白胎，其上墨书"杏花村，德厚成汾酒"。

## 民国·武振铎《酒歌》手稿

- 民国
- 长23.5厘米，宽14厘米
- 社会征集
- 《酒歌》手稿，全两册，7万余字，武振铎编著。手稿中摘录了中国历史上诗词歌赋、小说中与酒相关的文化内容，书稿末尾有民国晋裕汾酒公司大掌柜杨德龄题跋。武振铎(1883−1934)，孝义人，1919年与张剑南、田作霖等共同创立晋裕汾酒有限公司。

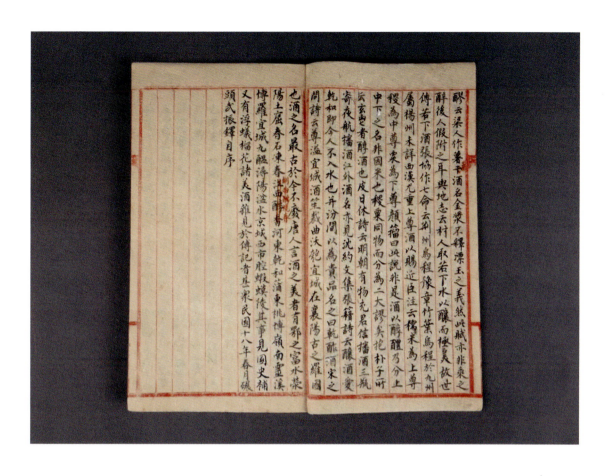

聯云梁人作署卡酒名金漿不釋漂玉之義然此藏亦非乘之
醉後人假附之耳典地志云村人取若下水以釀而極美故世
傳若下酒張恊作七命云荆州為程後章竹葉烏為於九州
屬揚州末詳西漢元重上尊酒以賜近臣注云醇末為上尊
綏為中尊東為下樽顏籀曰此說非是酒以醇體為分為
中下之名非因来也樱東同物而分為二大謬美抱朴子所
云玄起者醇酒也皮日休詩云明朝有物先君信播酒三瓶
寄夜航播酒江外酒名亦見沈約文集張籍詩云釀酒愛
開詩云尊溢宜城酒笙載曲沫飽宜城在襄陽古之羅國
乾和即今人不入水也并汾閒以為貴品名之曰乾和酒宋之

也酒之名最古於今不廢唐人言酒之美者有鄂之富水崇
陽之屯酒底夺石東春其西蘭溪河東乾和酒東桃博嶺南靈溪
博羅宜城九醞浔陽湓水京城西市腔蝦蟆後其事見圖史補
又有浮蟻榴花諸夫酒雜見於傳記者眾民國十八年春月碾
頌武振鐸目序

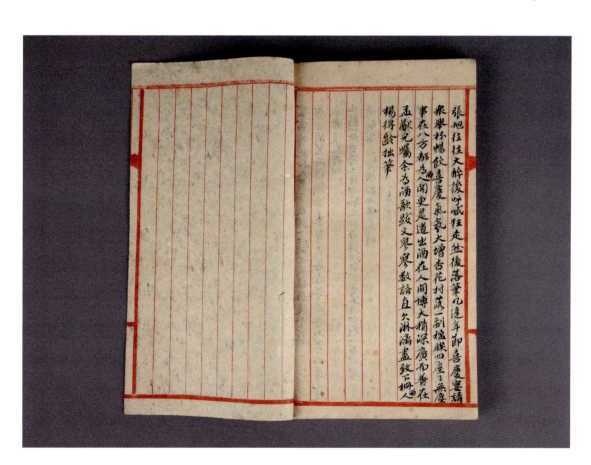

張旭往往大醉後呼喊狂走垫後落筆凡連年即喜慶宴請
衆舉杯暢飲喜慶氣氛大增杏花村蓮一副楹聯四座了無塵
事在八方都為酒閑更是道出酒在人間博大精深廣而普在
孟歡兄囑余為酒歌跋文寥寥數語直欠淋漓盡致下栅人
楊得齡拙筆

蕰

上字跡在柏密寺廣西廊

糞堊工孔陸時有楊孝諧

先生摹於石樹花雙柏哲

之翁頗青言雅之攷

下瓦石碣在寧鄉北永寧

南兩旁之金羅鎮金密寺

內

連居謹

## 民国·卫璋手卷

● 民国
● 长178厘米，宽18厘米
● 社会征集
● 纸本，手卷，墨书行草，文录傅山、刘铭传
　等诗作。字字珠玑，铁画银钩，极具意蕴。
　书者卫璋(1866—1932)，字达臣，山西汾阳
　人，曾任汾阳县知事，工书法，系中国油画
　先驱卫天霖之父。

## 民国·秦龙光行书立轴

- 民国
- 长84厘米，宽28.5厘米
- 社会征集
- 纸本，立轴。秦龙光（1857—1944），字云川，汾阳田屯人，光绪己丑（1889年）举人，民国中阳县知事，汾阳县咨议局理事，著名书法家。该立轴内容节录自清代袁枚《随园诗话》，结字端庄，为秦龙光 73 岁时作。

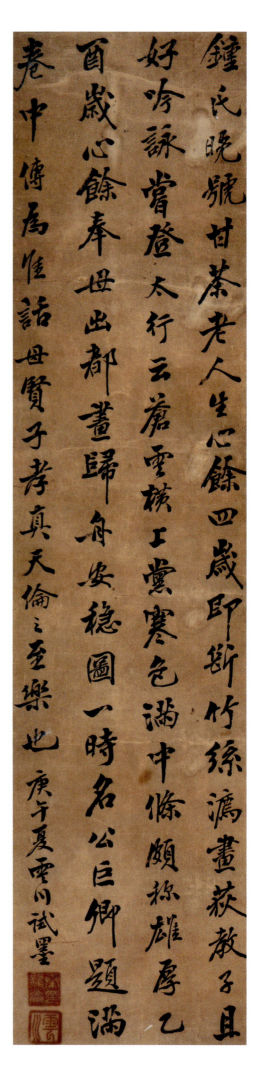

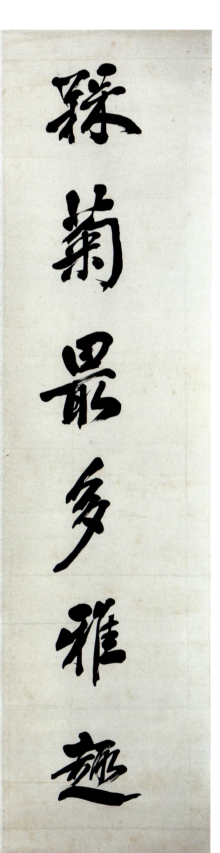

## 民国·秦龙光行书对联立轴

- 民国
- 长73厘米，宽19厘米
- 汾阳市博物馆旧藏
- 纸本，立轴。对联内容为"采菊最多雅趣，书画足以怡情"。款识为"云川龙书，时年八十有三"。该对联结体拙朴，平中见奇，为秦龙光成熟期佳作。

## 民国·带盒四档算盘

● 民国
● 高5.5厘米，长17.6厘米，宽13厘米
● 社会征集
● 木质。盒呈长方形，盒盖与盒身的一
   侧以皮条相连接，另一侧安有铜质搭
   扣。外表整体罩红色推光漆，盖面绘
   描金五子登科图。盒内置四档算盘一
   架，上珠两颗，下珠五颗。

## 民国·赵铁山七言隶书对联

● 民国
● 长94.5厘米，宽19.5厘米
● 社会征集
● 纸本，立轴。赵铁山七言隶书对联，内容为"鱼司马造麦米饭，张季鹰思莼菜羹"。赵昌燮(1877－1945)，字铁山，又署旧铁、错铁，晚年号柴翁、孑然、心隐庵主人等，山西太谷人，近代著名书法家。其时有"南吴（昌硕）北赵（昌燮）""大江以北，无出其右""华北第一支名笔"的美誉。